抖音·头条·快手·公众号·小程序·朋友圈 营销与运营

黄京皓 编著

清華大學出版社

北京

内 容 简 介

本书通过18个主题和180个技巧，对抖音、头条、快手、公众号、小程序、朋友圈6个主流新媒体平台的痛点和难点，特别是在运营、引流和盈利方面，进行了全面深入的介绍。

本书具体内容包括：10招快速入行，成为抖音高手；10个引流技巧，轻松上抖音热门；10种盈利方式，玩转抖音短视频；10种运营手段，迅速上手今日头条；10个吸粉技巧，使头条用户活跃起来；10种获利手段，成功盈利；10种入门方法，玩转快手小视频；10个引流秘诀，成为快手达人；10种盈利策略，成为快手大赢家；10种营销方法，让运营事半功倍；10个吸粉秘诀，让粉丝货源不断；10种盈利手段，让赚钱变得简单；10种运营策略，彰显小程序价值；10种涨粉方法，百万粉丝不是梦；10条转化途径，年赚百万很简单；10种营销技巧，不断提高成交率；10种增粉渠道，快速引爆高人气；10种致富手段，财源滚滚而来。

本书适合从事新媒体、自媒体运营的人员，特别是抖音运营者、头条号运营者、快手运营者、公众号运营者、小程序运营者和朋友圈运营者阅读。

图书在版编目（CIP）数据

抖音·头条·快手·公众号·小程序·朋友圈营销与运营 / 黄京皓编著. -- 北京：清华大学出版社，2024. 11. -- ISBN 978-7-302-67382-8

Ⅰ. F713.365.2

中国国家版本馆CIP数据核字第2024XM7170号

责任编辑：张　瑜
封面设计：杨玉兰
责任校对：李玉茹
责任印制：丛怀宇

出版发行：清华大学出版社
　　　网　　址：https://www.tup.com.cn, https://www.wqxuetang.com
　　　地　　址：北京清华大学学研大厦A座　　　　邮　编：100084
　　　社　总　机：010-83470000　　　　　　　　邮　购：010-62786544
　　　投稿与读者服务：010-62776969, c-service@tup.tsinghua.edu.cn
　　　质量反馈：010-62772015, zhiliang@tup.tsinghua.edu.cn
印　装　者：大厂回族自治县彩虹印刷有限公司
经　　销：全国新华书店
开　　本：170mm×240mm　　　印　张：15.25　　　字　数：287千字
版　　次：2024年11月第1版　　　印　次：2024年11月第1次印刷
定　　价：79.80元

产品编号：104986-01

前言

随着各种媒体越来越多，大家每天都要打开微信、浏览头条、观看抖音、使用小程序、发表朋友圈等。据统计，微信月活跃用户超过 13 亿，抖音月活跃用户超过 7 亿。这是一个前所未有的巨大流量红利，谁能抓住机会，谁就掌握了先机。有心之人早就行动起来了，年入千万元的网红，年入百万元的兼职学生……成功的例子数不胜数。

当然，不想让成功昙花一现，我们就不能因为网络营销一时的火爆而骄傲自满，而应牢记"空谈误国，实干兴邦"的理念，坚定信心、同心同德，埋头苦干、奋勇前进。只有不断地在网络营销方面下功夫，才会有更大的收获！

笔者从事网络营销相关工作 10 余年，也帮助各类企业做过网络营销的工作，其中不乏国内外知名企业；同时，公司旗下的自媒体和网红粉丝也超过了 3000 万，每天的视频播放量超过 3 亿次。近年来，笔者在网络营销工作中，发现网络营销与工作人员的所学专业关系不大，只要你感兴趣，勇于尝试，就可以做一名合格的营销人员。

本书介绍了从微信生态的朋友圈和小程序，到图文类型的头条号，再到短视频领域的抖音、快手的基本营销方式、引流技巧和盈利手段。先从目前最火的短视频平台说起。因为有些朋友很纠结，同样是短视频平台，到底是做抖音好还是做快手好？一般来讲，快手更侧重下沉市场，即三、四、五线城市的青年人；抖音更侧重一、二线城市的人群。但是，从目前视频平台的竞争情况来看，这两个平台的用户群体有很大的重合度。因此，你完全可以制作一套短视频，在多平台同步发布。只不过这两个平台的流量分配机制可能不同，简单来讲，就是相同的内容，你未必在两个平台都能涨粉。具体的流量分配机制、引流方法以及有了粉丝之后的盈利办法，在本书的相应章节都有具体介绍。总之，作为最具流量红利、最能快速增长粉丝的短视频平台，一定是商家营销的必争之地。

短视频的拍摄和制作也有一定的门槛，所以短视频平台不一定适合所有人。有的朋友可能不愿意出镜，也有人觉得制作短视频太麻烦，那么你可以在微信公众号和头条号上写文章，这都是不错的选择。在你的专业领域或者感兴趣的领域，不断地更新文章，持续做下去，总会有爆款文章出现，当你的文章第一次出现"10 万＋"点击量的时候，你就会发现营销的力量有多么强大，一篇"10 万＋"点击量的文章至少能帮你节省 10 万元的营销费用。

如果你是一个服务类型的商家，其实还有更多选择，如微信小程序。微信小程序早已渗透到生活的方方面面，借助微信小程序的力量服务好自己的客户是最有效的方式。超市购物时，商家用微信小程序发放优惠券，可以多次激发用户的购买欲望。对于中小企业来讲，千万不要一开始就开发自己的App，因为一方面开发成本高、周期长，另一方面推广成本太高。而使用微信小程序，可以以最低的成本获取和维护用户，是明智商家的首选。

　　如果你是个人创业者，既没有拍摄短视频的能力，又没有开发微信小程序的技术，同时也没有精力写文章，那么你至少可以利用好朋友圈。当然，如何有技巧地通过朋友圈进行网络营销，在本书中也有详细阐述。

　　最后，希望所有读到本书的朋友都能够认真地开始自己的网络营销。你的第一条短视频、第一条朋友圈，也许就是你百万粉丝的开始。

　　由于编者水平有限，书中难免有不足之处，望广大读者批评、指正。

编　者

目录

第1章

10招快速入行，成为抖音高手

学前提示

对于抖音运营者来说，熟悉抖音平台是非常重要的，特别是平台的相关机制和规则等内容，是运营者入门抖音的必要步骤之一。

那么，抖音应该如何运营呢？本章就从10个方面详细讲述抖音运营的技巧。

要点展示

- ➤ 推荐机制——熟悉流量推荐机制
- ➤ 前期准备——了解用户画像特征
- ➤ 遵规守纪——遵守抖音平台规则
- ➤ 避开误区——抖音运营注意事项
- ➤ 分析数据——对比利用抖音数据
- ➤ 注重互动——加强与粉丝的互动
- ➤ 积极展示——引导用户购买产品
- ➤ 保持活跃——把握更新视频频率
- ➤ 内容本地化——发布接地气的视频
- ➤ 引起关注——推广种草吸引受众

1.1 推荐机制——熟悉流量推荐机制

抖音沿袭了今日头条的算法推荐模型——根据用户兴趣推荐，从而保证了视频发布的效率及用户体验。了解抖音的推荐算法机制，是获取更多推荐快速获取流量的有效方法。

个性化推荐和人工智能图像识别技术是抖音的技术支撑，挑战赛、小道具、丰富多彩的背景音乐（Back Ground Music，BGM）则为用户提供了各种各样的玩法，让人既能刷到有趣的视频，又可以快速创作出自己的作品。抖音的算法机制是极具魅力的，因为抖音的流量分配是去中心化的，它的算法机制可以让每一个有能力制作出优质内容的人，都能得到与"大V"公平竞争的机会，实现人人都能当明星的愿望。

例如，有一个普通用户在抖音上发布了一系列关于手工艺品制作的视频。起初，由于该用户没有多少粉丝和关注者，视频的观看量并不高。但随着时间的推移，其中一个视频由于其独特的创意和详细的教学步骤，逐渐获得了大量观众的喜爱和分享。抖音的算法检测到这一点，开始为该用户推荐更多的潜在观众，并增加该用户的视频曝光量。最终，这个用户成功地吸引了大量的粉丝，并成为"大V"，这还要得益于抖音的推荐算法机制。抖音算法机制的好处如图1-1所示。

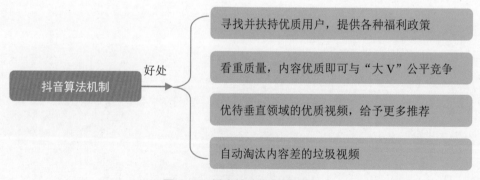

图1-1 抖音算法机制的好处

同时，用户还必须清楚地了解抖音的推荐算法逻辑。

（1）智能分发。用户即使没有任何粉丝，发布的内容也能够获得部分流量。首次分发以附近的人和关注粉丝为主，并根据用户标签和内容标签进行智能分发。

（2）叠加推荐。结合大数据和人工运营这一双重算法机制，优质的短视频会自动获得内容加权，只要转发量、评论量、点赞量、完播率等关键指标达到一定的量级，就会依次获得相应的叠加推荐机会，从而有可能形成爆款短视频。

（3）热度加权。当账号内容获得大量粉丝关注，并经过逐层的热度加权后，即有可能进入百万级别的大流量池。在抖音算法机制中，各项热度的权重顺序为转发量＞评论量＞点赞量，并会自动依据时间顺序"择新去旧"。

如果用户想在一个平台上成功吸粉，就要首先了解这个平台的喜好，知道它喜欢什么内容，排斥什么内容。用户在抖音发布作品后，抖音对于作品会有一个审核过程，其目的就是筛选优质内容进行推荐，同时杜绝低质量内容的展示。

抖音的推荐算法和百度等搜索引擎不同，搜索引擎的推荐算法主要依靠外链和高权重等因素，而抖音则是采用循环排名算法，根据作品的热度进行排名，其公式为

$$热度＝播放次数＋喜欢次数＋评论次数$$

那么抖音算法是怎么判断视频是否受大家的喜爱呢？有下面两条规律。

（1）用户观看视频时间的长短。

（2）视频评论数的多少。

抖音给每个作品都提供了一个流量池，无论账号大小或作品质量如何，每个短视频发布后的传播效果，都取决于作品在这个流量池中的表现。因此，我们要珍惜这个流量池，努力让自己的作品在这个流量池中有突出表现。

一般新发布的抖音短视频作品，获得的点赞数和评论数越多、用户观看时间越长，那么推荐的次数也就越多，获得的曝光量就会越好，从而增加获得推荐的概率。基于已知的算法机制，总结出下面 3 条经验，以此来提升抖音号的价值。

（1）想办法延长用户的停留时间。用户可以美化短视频封面，设置一个引人入胜的开头，或者打造一个出人意料的出场方式，这些都是非常有效的方法。

（2）有效的评论区互动。这个方法是用户最容易忽略的，视频底部优质的评论，是了解用户对视频看法最直接的方式。

（3）尽快建立自己的抖音社群或抖友社群。社群已经成为用户增长有效手段之一，建立社群的目的是增强普通用户之间的黏性，聚焦具有共同习惯或人生观的人群，提高粉丝留存率，然后再利用这部分用户去影响更多用户。

1.2　前期准备——了解用户画像特征

在目标用户群体定位方面，抖音采取了自上至下的渗透策略。抖音推出之初，市场上已经有很多同类的短视频产品，为了避免与它们的竞争，抖音在用户群体定位上做了一定的差异化策略，专注于那些同类产品尚未覆盖的群体。

图 1-2 所示为月狐数据发布的 2023 年 6 月重点媒体用户画像分析的部分内容，从中可以了解抖音的用户画像特征。

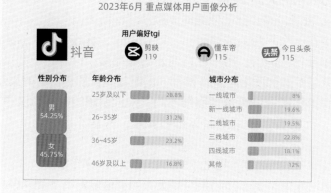

图1-2　2023年6月重点媒体用户画像分析的部分内容（数据来源：月狐数据）

本节主要从年龄、性别、地域、职业和消费能力5个方面分析抖音的用户定位，帮助运营者了解抖音的用户画像和人气特征，从而制定作出有针对性的运营策略和精准营销。

1. 年龄：以年轻用户为主

抖音平台上60%的用户在35岁以下，其中25岁及以下和26～35岁的用户比例相差不大，抖音用户整体呈现年轻化趋势。这些人更愿意尝试新的产品，这也是年轻人的普遍行为方式。

2. 性别：男性用户比例略高于女性用户

抖音用户的男女比例约为6：5，也就是男性略高于女性，但总体来说，两者的占比是比较均衡的，符合中国互联网网民的整体特征。

3. 地域：分布在一、二线城市

抖音从推出之初就将目标用户群体指向一、二线城市，避免了激烈的市场竞争，同时也占据了很大一部分市场份额。目前，随着抖音的火热，正在逐渐向小城市扩展。

从图1-2可看出，三线城市的人群占比最高，为22.8%，而且四线城市的占比与一、二线城市占比不相上下，可见抖音已经扩散到全国大多数城市。

4. 职业：大学生、白领和自由职业者

抖音用户的职业主要为白领和自由职业者，同时大学生与踏入社会5年左右的用户也比较常见。另外，这些人都有一个共同的特点，就是容易追随潮流，喜欢流行时尚的事物。

5. 消费能力：愿意尝试新产品

目前，抖音的使用人群大部分为中等和中高等收入层次的消费者，这类人群突出的表现就是更容易在抖音上买单，直接体现了他们的消费能力很强。另外，他们的购买行为还会受到营销活动的影响，看到喜欢的东西，更容易产生冲动消费。

1.3　遵规守纪——遵守抖音平台规则

对于运营抖音自媒体的人来说，坚持原创才是最可靠、能长久的做法。在互联网上，想借助平台成功地实现盈利，一定要遵守平台规则。下面重点介绍抖音的一些平台规则。

1. 不建议进行低级搬运

不要抄袭带有其他平台特征和图案的作品，抖音平台对这些低级搬运的作品会直接封号或者不予推荐，因此建议大家注意这一点。

2. 视频必须清晰且无广告

作为抖音自媒体运营者，首先要保证视频的质量，不得含有低俗、色情等内容；其次要保证视频中不含有广告，视频尽量清晰。

3. 视频推荐算法机制要知道

首先，系统会向一批人推荐你的视频，比如先给 100 人观看，这 100 人就是一个流量池。假如这 100 人观看视频之后，反馈比较好，有 80 人完整看完了，有 30 人给你点赞，有 10 人发表了评论，系统则会默认你的视频是一个非常受欢迎的视频，因此会再次将视频推荐到下一个更大的流量池。

比如，第二次推荐给 1000 人，再重复该过程，这也是我们经常看到一个热门视频连续好几天都能在首页刷到的原因。当然，如果第一批流量池的 100 人反馈不好，这个视频自然也就得不到后续的推荐了。

4. 账号权重

通过分析很多账号发现，抖音上热门的普通玩家有一个共同的特点，就是给别人点赞的作品很多，最少的都上百了。这是一种模仿正常用户的玩法，如果新账号一上来就直接发视频，系统可能会判断你的账号是一个营销广告号或者小号，有可能通不过审核。要想更容易地上热门，可以提高账号的权重，具体方法如下。

（1）使用头条号登录。用 QQ 号登录今日头条 App，然后在抖音的登录界面选择今日头条账号登录即可。因为抖音是今日头条旗下的产品，通过头条号登录，会潜在增加账号权重。

（2）采取正常用户行为。多给热门作品点赞、评论和转发，选择粉丝越多的账号互动效果更佳。如果想运营好一个抖音账号，至少在开通账号的前 5 ~ 7 天先不要发表作品，而是在空闲的时候浏览一下别人的视频，然后积极关注和点赞。即使后期再取消关注，也要多做这些工作，让系统认定你是一个正常活跃的账号。

1.4　避开误区——抖音运营注意事项

短视频运营的工作比较复杂，不仅要懂内容，还要懂渠道，能做互动。但是因为运营者往往没有充足的预算来配备完善的运营团队，这可能导致运营者不经意间步入工作误区，抓不住工作重点。下面给大家介绍最常见的 6 个抖音运营误区。

1.　精力只放在后台的使用上

很多短视频运营者原先从事从公众号运营，在公众号运营过程中，我们通常会在发布前预览内容，发布成功之后也会第一时间去浏览，在这些场景中我们都是以用户身份参与。

但是在短视频运营中，我们往往只注重后台操作，发布之后也不会去每个渠道查看，这样的做法是错误的。因为每个渠道的产品逻辑都不同，如果不注重前台的使用体验，就无法真正了解这个渠道用户的真正行为。

2.　不与用户做互动

一般对内容进行评论的都是渠道中相对活跃的用户，及时、有效的互动有助于吸引用户的关注，并且渠道方也希望运营者能够带动平台的用户活跃度的提升。

当然，运营者也不用每一条评论都回复，能够筛选一些有创意、有趣或者有价值的评论来回复和互动。

3.　运营渠道非常单一

建议大家进行多渠道运营，因为多渠道运营会帮助你发现更多的机会，而且很多渠道可能会在不经意间产生爆款内容，从而带来额外的小惊喜。

4.　没有持续关注渠道动态

运营者一定要持续关注各渠道的动态。渠道动态一般包含 3 类内容，如图 1-3 所示。

5.　硬追热点

追热点本身是值得推荐的，但是适度把握，确保内容上不能偏离自身的领域，如果热点与自己的领域和创作风格不一致，千万不能强行追逐热点。

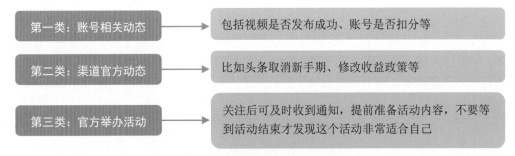

第一类：账号相关动态	→	包括视频是否发布成功、账号是否扣分等
第二类：渠道官方动态	→	比如头条取消新手期、修改收益政策等
第三类：官方举办活动	→	关注后可及时收到通知，提前准备活动内容，不要等到活动结束才发现这个活动非常适合自己

图1-3 持续关注各渠道的动态

这一点可以在抖音上可以得到验证。通常一个抖音视频火爆了之后，创作者很难长期留住粉丝。因为很多UGC（User Generated Content，用户原创内容）的创作者更多的是去抄袭而不是原创，这样很难持续产出风格统一的作品，所以就算偶然间产出了一两个爆款，也无法有效维持粉丝的忠诚度。

6. 从来不做数据分析

数据分析可以揭示一些根本性的问题，比如账号在所有渠道的整体播放量下滑时，那么肯定是哪里出了问题。

无论是主观原因还是客观原因，我们都应立即排查，如果只是某个渠道的数据突然下滑，就要看是不是这个渠道的政策有了调整。

数据分析不仅用于监控，还可以指导我们的运营策略，比如分析受众的活跃时间点、竞争对手的活跃时间点等。

以上是抖音运营中比较常见的6个误区。其实误区还有很多，需要大家在各自的运营工作中去发现问题并寻找解决方法。

1.5 分析数据——对比利用抖音数据

用户在运营抖音时，一定要掌握一些技巧，而不仅仅是录视频和添加背景音乐，发布之后并不意味着完成任务。抖音自媒体运营同样也要学会数据分析，这对于后期的短视频运营和优化有很大帮助。本节就来分析抖音相关的数据。

1. 播放量与点赞量之比

（1）第一种是10：1。一般视频如果有10个赞，就会增加一个粉丝。

（2）第二个是100：5。一般100个播放量会产生5个赞，可以被视为是中等水平的数据，当然对于很多"网红"相对来说，比例会高一点儿。如果这个比例太低，就可以判定此视频内容需要进行优化，以提升点赞量。

2. 抖音号相关数据

在微信小程序里搜索"飞瓜数据"，可以发现，它囊括了抖音当前行业的热门视频、带货达人榜、涨粉榜、关注的抖音号、直播监控、热门带货视频、实时爆款商品、团购榜等多组数据，从中能直观地了解抖音的大数据，并可以此作为参考，如图 1-4 所示。

 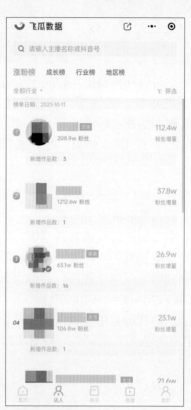

图 1-4　"飞瓜数据"小程序部分界面

1.6　注重互动——加强与粉丝的互动

抖音运营者在进行用户运营的时候，要多维度地去给用户一些激励，以增加用户黏性，比如设置小任务和小奖励。例如，帮我点个小红心，我会告诉你们下一个视频的内容；或者帮我转发，我会送上一些礼物等。总之，抖音运营者应通过标题和评论区与用户进行更多互动，让用户持续关注的内容，如图 1-5 所示。

图 1-5　通过标题与用户进行互动

1.7　积极展示——引导用户购买产品

对于抖音运营者来说，抖音是一个展示产品、推广产品的绝佳平台。通常来说，运营者可以通过以下 3 种途径展示产品，以增强产品的吸引力。

1. 标题

许多人看短视频时，往往比较关注它的标题。所以，抖音运营者在展示产品的过程中，如果能够给短视频取一个有吸引力的标题，那么受众自然会更愿意看你的短视频，甚至受视频的引导，直接下单购买。

图 1-6 所示为抖音中通过标题展示产品的短视频案例。在这两个案例中，短视频的标题都强调了旅游景点的浪漫氛围，看到这个标题，估计很多人都想去长沙旅游，去看灯光秀了。

2. 话题

大多数人会特别关注自己感兴趣的话题，如果运营者在抖音中通过话题来展示产品，就可以让对该话题，甚至是对该产品感兴趣的受众看到短视频，从而达到精准营销的目的。

图 1-7 所示为通过话题展示产品的短视频案例。两者都运用了如"穿搭""街

拍""时尚"等话题，加上模特穿搭效果好，女性受众看了后很可能会更愿意购买视频中的同款服饰。

图 1-6　通过标题展示产品的短视频案例

图 1-7　通过话题展示产品的短视频案例

3. 心得

通过展示产品的使用心得，运营者能够以身作则，就如同现身说法一样。这种做法的好处在于，可以让受众直观地了解产品的使用效果，从而增强产品对受众的吸引力。

图 1-8 所示为通过分享使用心得来展示产品的案例。可以看到，这两个视频的文字介绍中都重点展示了产品使用后的感受。受众在看到心得之后，会觉得视频中的产品比较实用，有价值，这样自然更愿意购买。

图 1-8　通过心得展示产品的案例

1.8　保持活跃——把握更新视频频率

在发布抖音短视频时，建议大家的发布频率至少 2 ～ 3 条 / 周，然后进行精细化运营，保持视频的活跃度，让每一条视频都尽可能成为热点。至于发布的时间，为了让作品能被更多人看到并迅速走红，一定要选择抖音用户在线人数较多的时间段。

据统计，饭前和睡前是抖音用户在线最多的时间段，有 62% 用户会在这段时间看抖音；10.9% 的用户会利用碎片化时间看抖音，如上卫生间或者上班路上。尤其是睡前、周末和节假日，抖音用户的活跃度非常高。因此，建议作品的发布时间最好控制在图 1-9 所示的 3 个时间段。

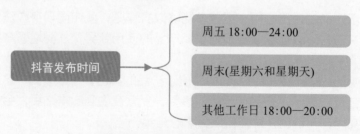

图 1-9 抖音发布时间的建议

同样的作品在不同的时间段发布，效果肯定是不一样的，因为流量高峰期观众更多，那么你的作品就有可能被更多人看到。如果用户一次性录制了好几个视频，千万不要同时发布，每个视频发布的时间至少要间隔一小时。

另外，发布时间还需要结合自己的目标客户群体的时间，因为职业不同、工作性质不同、行业细分不同以及内容属性不同，发布的时间节点也要有所差别，所以运营者要结合内容属性和目标人群，选择一个最佳的时间点发布内容。再次提醒，最核心的一点就是在用户活跃度高的时段发布，这样能显著增加作品的曝光量和被推荐的概率。

1.9 内容本地化——发布接地气的视频

抖音的本地化运营也非常重要，这里打个比方，在一个拥有 1000 万人口的城市中，一天就会有 100 万人去刷抖音。因为在抖音发布短视频后，会先被推给附近的人看，然后根据标签进行推荐。这是一个本地化的人口红利，建议大家要多创作一些本地化的内容，这样有助于后期的商业盈利。

另外，很多人所在的城市有上千万人口，理论上说抖音用户应该也在百万以上，但为什么自己发布的视频播放量却只有几百次呢？其实，这是每个抖音运营者都需要面临的问题，你的视频发布之后，可能一段时间内都会持续在几百次播放量。在这种情况下，建议大家可以用一些技巧去增加视频的推广，让视频播放量突破这个瓶颈。

因为抖音是基于兴趣进行推荐的平台，每个用户其实就是一个标签，如做美食类的用户就有"美食爱好者"这样的标签，抖音就是根据以往这些用户的兴趣和爱好来推荐的。抖音属于今日头条旗下的产品，同样会根据视频内容或者视频标签进行匹配，所以大家在标题上也要多下功夫。

例如，做美食内容的视频，可以在标题中多次强调"香""美味"这样的关键词，如图 1-10 所示，从而匹配到更多精准用户，甚至吸引他们购买你的产品或者进入你的店铺去消费。

图 1-10　强调关键词

1.10　引起关注——推广种草吸引受众

在产品还未正式上线时，许多商家会通过推广种草的方式来提高目标消费群体的关注度。在抖音中，运营者也可以通过以下两种推广种草的方式来促进产品的推广。

1. 文字或口播形式

抖音短视频主要由画面和声音两部分组成，运营者可以针对这两部分内容分别进行推广种草。

短视频的画面部分，运营者可以让推广的相关文字出现在画面中，如图 1-11所示；声音部分，运营者可以通过口播的方式向消费者传达产品信息，增强产品对消费者的吸引力，实现推广种草。

2. 给出一定优惠折扣

消费者都是追求性价比的，许多消费者为了买到价格更优惠的产品，会货比三家。因此，当运营者在抖音中发布推广信息时，消费者很可能会对商品的价值进行评估。此时，如果在推广中给出一定的优惠折扣，消费者就会觉得获得了较大的优惠，这样的产品自然也就更值得购买了，如图 1-12 所示，可以看到这两个短视频中产品优惠力度相对来说比较大。

 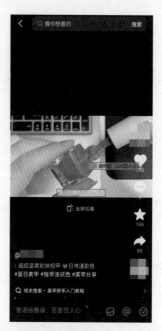

图 1-11　让推广的相关文字出现在画面中

 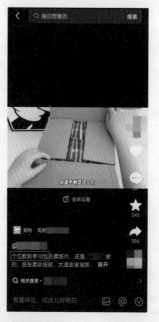

图 1-12　给出一定的优惠折扣

第 2 章

10 个引流技巧，轻松上抖音热门

学前提示

对于抖音运营者来说，要想获取可观的收益，就必须获得足够的流量，这可通过扩大用户群体来实现。那么，运营者要如何快速引流并实现流量聚合呢？

本章重点解读抖音运营者快速引流的方法，让大家可以快速聚集大量用户，实现品牌和产品的高效传播。

要点展示

- ➤ 视频引流——通过相关视频吸粉
- ➤ 热门引流——通过热门作品涨粉
- ➤ 热搜引流——通过抖音热搜引流
- ➤ 广告引流——通过硬性广告引流
- ➤ 矩阵引流——通过矩阵账号引流
- ➤ 互推引流——通过账号互推涨粉
- ➤ 直播引流——通过抖音直播引流
- ➤ 平台引流 1——通过社交平台引流
- ➤ 平台引流 2——通过音乐平台引流
- ➤ 线下引流——通过线下渠道引流

2.1 视频引流——通过相关视频吸粉

抖音聚集了大量的短视频内容，同时也汇聚了很多流量。对于运营者来说，如何通过抖音引流，让它为己所用才是关键。本节介绍一个非常简单的抖音引流方法——视频引流，手把手教你如何通过抖音获取大量粉丝。

具有短视频制作能力的运营者，选择原创内容引流是最好的选择。运营者可以把制作好的原创短视频发布到抖音平台，同时在账号资料部分进行引流，如在昵称、个人简介等地方都可以留下联系方式，如图 2-1 所示。

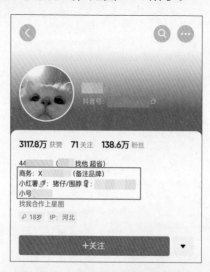

图 2-1 在账号资料部分进行引流

注意，不要在其中直接标注"微信"两个字，而应使用拼音简写、同音字或其他相关符号来代替。原创短视频的播放量越大，曝光率越高，引流效果就会越好。

抖音上的年轻用户偏爱热门和创意有趣的内容，同时在官方介绍中，抖音鼓励的视频内容包括：场景、画面清晰，记录自己的日常生活，内容健康向上，涵盖多人物类、剧情类、才艺类、心得分享、搞笑类等多样化内容，不拘泥于单一风格。运营者在制作原创短视频内容时，可以遵照这些原则，以便让作品获得更多推荐的机会。

2.2 热门引流——通过热门作品涨粉

热门作品引流法主要是通过关注同行业或同领域的相关账号，评论它们的热门作品，并在评论中巧妙地插入广告，给自己的账号或者产品引流。例如，卖女性产品的运营者可以多关注一些护肤、美容类的相关账号，因为关注这些账号的粉丝大多是女性群体。

运营者可以在"网红大咖"或者同行发布的短视频评论区进行评论，评论的内容可以采用直接复制引流话语。评论热门作品引流主要有以下两种方法。

（1）直接评论热门作品。特点是流量大、竞争激烈。

（2）评论同行的作品。特点是流量小，但是粉丝更加精准。

例如，做健身器材的运营者，在抖音中搜索健身类的关键词，即可找到很多同行的热门作品，如图 2-2 所示。

图 2-2 评论热门作品引流

运营者可以将这两种方法结合使用，同时注意评论的频率。此外，评论的内容不能千篇一律，也不能包含敏感词。

评论热门作品引流法有两个小诀窍，具体方法如下。

（1）用小号评论当前热门作品。评论内容可以写：想看更多精彩视频请 @ 你的大号。另外，小号的头像和个人简介等资料都是用户首先就能看到的内容，因此要尽可能展现出专业形象。

（2）直接用大号回复热门作品。可以写：想看更多好玩的视频请点我。需要注意的是，大号不要频繁地进行这种操作，建议一小时内评论 2 ~ 3 次即可，因为太频繁的评论可能会被系统禁言。这样做的目的是直接引流，把别人热门作品里的用户流量直接引流到你的作品里。

2.3 热搜引流——通过抖音热搜引流

对于短视频创作者来说，蹭热搜应该成为一项必备的技能。用户可以利用抖音热搜寻找当下的热词，并让自己的短视频高度匹配这些热词，从而得到更多曝光机会。本节总结了 4 个利用抖音热搜进行引流的方法。

1. 视频标题文案紧扣热词

如果某个热词的搜索结果只有相关的视频内容，这时视频标题文案就尤为重要了，用户可以在短视频的文案中完整地融入这些关键词，以此提升搜索匹配度的优先级别。

2. 视频话题与热词吻合

以歌曲《十年》这一热词为例，搜索结果中可以看到大量的相关视频。从视频搜索结果来看，映入眼帘的是包含"十年"这个关键词的视频，如图 2-3 所示。

图 2-3　"十年"的搜索结果

3. 视频选用 BGM 与热词关联度高

例如，从"一笑倾城"这一热词返回的搜索结果来看，部分抖音短视频从文案到标签，都没有"一笑倾城"的字样。这些短视频能得到曝光机会，是因为 BGM

使用了《一笑倾城》这首歌，如图 2-4 所示。因此，通过使用与热词关联度高的 BGM，同样可以提高视频的曝光率。

4. 账号命名踩中热词

这种方法比较取巧，甚至还需要一些运气，但对于与热词相关的垂直账号来说，一旦账号命名踩中热词，曝光率会大幅增加。

比如，热词"有氧运动"真正带火的可能是健身操视频，但是部分抖音账号命名踩中热词，也会上热榜，使曝光率得到大幅提升，如图 2-5 所示。

图 2-4　视频选用 BGM 与热词关联度高

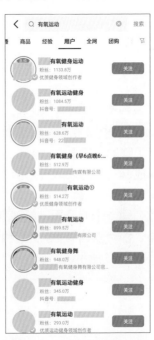
图 2-5　账号命名踩中热词

2.4　广告引流——通过硬性广告引流

硬性广告引流法是指在短视频中直接进行产品或品牌展示。建议用户购买一个摄像棚，将平时在朋友圈得到的反馈图全部整理出来，制作成照片电影来发布，如健身前后的效果对比图、美白前后的效果对比图等。

例如，华为荣耀手机的抖音官方账号就联合众多明星达人，打造各种原创类高清短视频，同时结合手机产品自身的优势、功能及特点推广，吸引粉丝关注。

要想增强广告引流的效果，可以参考两个技巧，具体内容如图 2-6 所示。

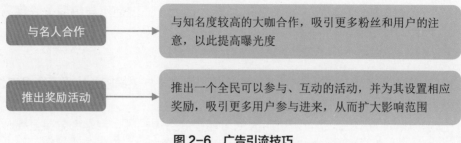

图2-6　广告引流技巧

2.5　矩阵引流——通过矩阵账号引流

　　抖音矩阵是指通过同时运营不同的账号来打造一个稳定的粉丝流量池。道理很简单，运营一个抖音账号与运营 10 个抖音账号在工作量上并无太大差异，而同时运营多个账号可以带来更多的收益。打造抖音矩阵需要团队的支持，至少要配置 2 名主播、1 名拍摄人员、1 名后期剪辑人员以及 1 名推广营销人员。

　　抖音矩阵的优势众多，首先可以全方位地展现品牌特色，扩大品牌影响力；其次，还可以形成链式传播来进行内部引流，大幅度提升粉丝数量。

　　抖音矩阵可以最大限度地降低多账号运营风险，这和投资理财强调的"不把所有鸡蛋放在同一个篮子里"的道理是一样的。多账号协同运营，无论是做活动还是引流吸粉，都可以达到很好的效果。但是，在打造抖音矩阵的时候，还有很多注意事项，如图 2-7 所示。

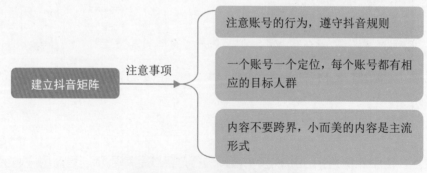

图2-7　建立抖音矩阵的注意事项

　　这里再次强调抖音矩阵的账号定位，这一点非常重要，每个账号角色的定位既不能过高，也不能过低，更不能错位，既要保证主账号发展的同时，也要让子账号能够得到很好的成长空间。

2.6 互推引流——通过账号互推涨粉

互推指的是直接在抖音上与其他用户合作，互推账号。这时，运营者还要注意一些基本原则，并将这些原则作为选择合作对象的依据，如图 2-8 所示。

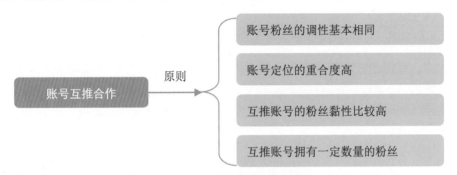

图 2-8 账号互推的基本原则

不管是个人号还是企业号，在选择互推合作账号时，还需要掌握一些账号互推的技巧，具体方法如图 2-9 所示。

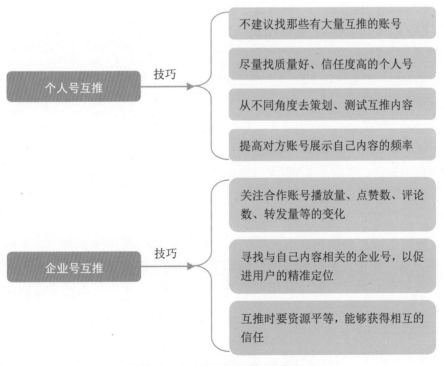

图 2-9 个人号和企业号的互推技巧

随着抖音在人们生活中出现的频率越来越高，它不再仅仅是一个短视频社交工具，同时也成为一个重要的商务营销平台。通过互推，别人的人脉资源也能很快成为你的人脉资源，长期来看，互推会极大地拓宽你的人脉圈。有了人脉，还怕没有生意吗？

2.7　直播引流——通过抖音直播引流

如今，直播借着短视频平台再次进入了人们的视野，用户只需要一部手机即可快速开始直播，但直播的竞争非常激烈，因此所有的主播都需要掌握吸粉引流的技巧，让自己快速"火"起来。本节就来为大家介绍抖音直播引流的技巧。

1. 定位清晰

精准的定位可以形成个性化的人设，有利于打造自己在细分领域的专业形象，能够在最短的时间里获得大量粉丝。

2. 内容垂直

根据自己的定位策划垂直领域的内容。在直播前可以先列一个大纲，然后再围绕大纲细化具体的直播过程，并准备好相关的道具、音乐和剧本等。在直播过程中，还需随时关注粉丝的互动，在有人进来时，记得打招呼；当有人提问时，记得回复。

3. 特色名字

起名字时，需要根据不同的平台受众来设置合适的名称，同时要符合自己的定位，以增强信赖感。

4. 专业布景

直播的环境不仅要干净、整洁，而且要符合自己的内容定位，给观众带来宾至如归的直观印象。例如，以卖货为主的直播环境中，可以在背景里展示一些样品，样品的摆设要整齐，房间的灯光要明亮，以便更好地突出产品的品质。

5. 聊天话题

主播可以通过制造热议话题来为自己的直播间快速积攒人气，但话题内容一定要健康、积极，要符合法律法规和平台规则。在直播过程中，不仅要用高质量的内容吸引观众，而且要随时引导新进来的观众关注你的账号，成为你的粉丝。

6. 互动活动

直播时，如果观众反应冷淡，可以另外找一位搭档与你互动，共同营造直播间的热闹氛围，不至于因为没有话题而陷于尴尬境地。另外，主播也可以选择一些熟悉的观众进行互动，主动和他们聊天，最大限度地提升粉丝黏性。

7. 准时开播

直播的时间最好能够固定，因为很多粉丝都是利用闲暇时间来观看直播的，直播时间一定要与他们的空闲时间重合，这样他们才有时间观看直播。因此，主播最好找到粉丝活跃度最大的时间段，然后每天定时进行直播。

8. 抱团吸粉

可以和一些内容定位相近的主播搞好关系，成为朋友，这样可以相互推广、互相照顾。当大家都有一定的粉丝基础后，主播还可以带领自己的粉丝去朋友的直播间"串门"，这样不仅可以活跃直播间的氛围，而且能够很好地留住粉丝。"串门"是直播平台中一种常用的引流手段，主要是依靠大主播的人气流量来带动不知名的小主播，形成一个良好的循环，促进粉丝消费。

9. 营销自己

抖音通常会给中小主播分配一些地域性流量，如首页推荐或其他分页的顶部推荐，让主播处于一个较好的引流位置，此时主播一定要抓住这个机会来推广、营销自己。

10. 维护粉丝

通过直播积累一定的粉丝量后，一定要做好粉丝的沉淀工作，将他们引导到微信群、公众号等平台，以便更好地与粉丝进行交流沟通，表现引导对他们的重视。平时不直播的时候，也可以多给粉丝送福利、发红包或者优惠券等方式，提高用户留存率，挖掘粉丝潜力，实现多次营销，提高经济效益。

直播引流的技巧可以总结为 3 点，即"内容 + 互动 + 福利"，内容展现价值，互动增进感情，福利触发交易。

2.8　平台引流 1——通过社交平台引流

除了在抖音内进行引流外，运营者还可以跨平台引流，实现内容的广泛传播，以获取更多目标用户。本节就来重点介绍抖音运营者需要重点把握的社交引流平台。下面以朋友圈、腾讯 QQ 和新浪微博为例进行介绍。

1. 朋友圈

对于运营者来说，朋友圈这一平台，虽然一次传播的范围较小，但就对接收者的影响程度来说，具有其他一些平台无法比拟的优势，如图 2-10 所示。

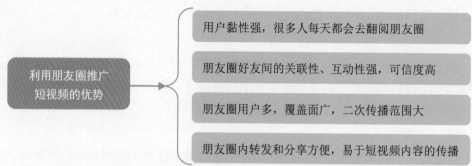

图 2-10　利用朋友圈推广短视频的优势分析

那么，在朋友圈中推广抖音短视频，运营者应该注意哪些方面呢？在笔者看来，有 3 个方面是需要重点关注的，具体分析如下。

（1）运营者在拍摄视频时，要注意画面的美观度尤其是在视频开始的部分。因为推送到朋友圈的视频，无法自主设置封面，它显示的即是开始拍摄时的画面。当然，运营者也可以通过视频剪辑的方式保证推送视频"封面"的美观度。

（2）运营者在推广短视频时，要做好文字描述。一般来说，呈现在朋友圈中的短视频，好友首先眼看到的就是其"封面"，由于没有太多信息能让好友了解该视频的内容。因此，在发布短视频之前要把重要的信息包含在内，这样设置，一方面有助于好友了解短视频；另一方面，若设置得好，可以吸引好友点击播放。

（3）运营者利用短视频推广商品时，要利用好朋友圈评论功能。朋友圈中的文本如果字数太多，会被折叠起来。为了完整地展示信息，运营者可以将重要信息放在评论中进行展示，这也是一种比较聪明的推广短视频的方法。

2. 腾讯 QQ

腾讯 QQ 有两大推广工具，一是 QQ 群，二是 QQ 空间。我们先来看看如何利用 QQ 群做推广引流。

无论是微信群还是 QQ 群，如果没有设置"消息免打扰"，群内的任何人发布信息时，群内其他人都会收到提示。因此，与朋友圈和微信订阅号不同，通过微信群和 QQ 群推广短视频，可以让推广信息直达受众，受众关注和播放的可能性也就更大。

由于微信群和 QQ 群内的用户都是基于一定目标、兴趣而聚集在一起的，因此，如果运营者推广的是专业类的视频内容，就可以选择这类平台。

另外，与微信群需要推荐才能加群相比，QQ 群明显更易于添加和推广。目前，QQ 群推出了许多热门分类，运营者可以通过查找同类群的方式加入进去，然后再通过短视频进行推广。QQ 群推广方法主要包括 QQ 群相册、QQ 群公告、QQ 群论坛、QQ 群共享、QQ 群动态和 QQ 群话题等。

比如，利用 QQ 群话题来推广短视频，运营者可以通过挑选与相应人群感兴趣的话题来引导 QQ 群用户的注意力。例如，在摄影群里，可以首先提出一个摄影人士普遍感觉有难度的摄影场景，引导大家评论，然后运营者再适时地分享一个能解决这一摄影问题的短视频。这样，有兴趣的用户一定不会错过。

QQ 空间是短视频运营者可以充分利用的优良平台。当然，运营者首先应该建立一个昵称与短视频运营账号相同的 QQ 号，这样有利于聚集人气，吸引更多人关注和观看。图 2-11 为大家介绍了 7 种常见的 QQ 空间推广方法。

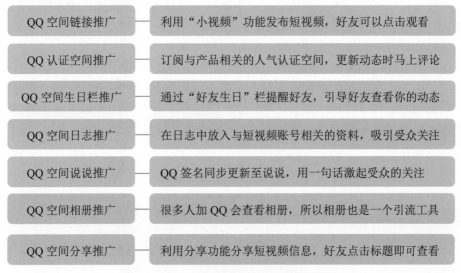

图 2-11　7 种常见的 QQ 空间推广方法

3. 新浪微博

在微博平台上，运营者主要依靠两大功能来实现短视频推广目标，即"@"功能和热门话题。比如，运营者可以通过"@"某位名人来推广短视频和产品以吸引用户关注。

首先，在进行微博推广的过程中，"@"功能非常重要。在博文里可以"@"明星、媒体、企业，如果媒体或名人回复了你的内容，就能借助媒体或名人的粉丝扩大自己的影响力。若明星在博文下方评论，则会受到很多粉丝及微博用户的关注，那么短视频一定会被推广出去。

其次，微博的"热门话题"是一个制造热点信息的场所，也是网民聚集最多的地方。运营者要利用好这些话题，推广自己的短视频，发表自己的见解和感受，以提升浏览量。

2.9 平台引流 2——通过音乐平台引流

抖音短视频与音乐密不可分，因此用户还可以借助各种音乐平台给自己的抖音号引流，常用的有网易云音乐、QQ 音乐和酷狗音乐。

以网易云音乐为例，这是一款专注于发现与分享的音乐产品，依托专业歌手、音乐人、DJ、好友推荐、歌房、播客及社交功能，为用户打造全新的音乐体验。

网易云音乐的受众通常是有一定音乐素养、受教育程度较高、收入较为丰厚的年轻人，这和抖音平台的目标受众高度重合，因此成为抖音引流的理想音乐平台之一。

用户可以利用网易云音乐的音乐社区和评论功能，对自己的抖音内容进行宣传和推广。例如，某抖音原创音乐人就非常善于利用网易云音乐进行引流，他在抖音上发布的歌曲，如《往后余生》已被粉丝广泛使用。他在网易云音乐平台对自己歌曲的宣传也做了很多努力，在歌曲评论区与网友进行深度互动，如图 2-12 所示。

图 2-12 某抖音原创音乐人在网易云音乐平台上和网友互动

因此，评论推广是音乐平台上进行引流的有效方法。在抖音上，会对使用某首音乐的视频进行排名。对于运营者来说，使用热门音乐作为视频背景音乐，且让视频排名靠前，可以发挥显著的引流效果。

2.10　线下引流——通过线下渠道引流

运营者的引流是多方向的，既可以从抖音或者跨平台引流到抖音号本身，也可以将抖音流量引导至其他线上平台。本地化的抖音号，还可以通过抖音为线下实体店铺引流，如 CoCo 奶茶、宜家冰激凌等线下店铺就是通过抖音吸引了大量粉丝前往消费。

由于网购越来越普及，线下门店陷入了不可避免的困境，由于成本高昂、时间空间限制、人效停滞不前，都在一定程度上限制了线下的用户流量。

专家提醒

人效停滞不前就是描述线下门店出于各种原因（如员工的工作效率不高，缺乏创新和进取心，或者企业缺乏有效的激励机制和管理制度等），导致员工的工作积极性和创造力受到限制，工作效率或者人力资源效率没有得到提高。

对于线下门店而言，获取每一个进店用户都是有成本的，这些成本包括门店的租金、店员的工资、水电物业费用，分摊在每一个用户身上，就构成了门店的用户到店成本。将到店流量转移至线上电商平台，转化为自己的私域流量，才能做好后期的持续运营和流量盈利。

用抖音给线下店铺引流最好的方式之一就是开通企业号，利用"认领信息点（Point of Information，POI）地址"这一功能，在 POI 地址详情页展示店铺的基本信息，让抖音用户可以根据地址页展示的信息找到线下实体店，从而实现线上到线下的流量转化。

当然，要想成功引流，运营者还必须持续不断地输出优质的内容、保证稳定的更新频率并与用户进行互动，同时打造好自己的产品。做到这些，就可以为店铺带来长期稳定的流量。

第 3 章

10 种盈利方式，玩转抖音短视频

学前提示

抖音每时每刻都在产生巨大的流量，而抖音运营者们通过一些销售渠道即可获得收益。这些销售渠道可以是抖音运营者自营的电商，也可以是以淘宝客形式，或者是线下店铺，它们都能实现大量的流量转化，让运营者获得利润。

要点展示

➢ 广告盈利——最传统的盈利方式

➢ 电商盈利——最直接的盈利方式

➢ 知识付费——以知识换取财富

➢ 流量盈利——利用流量带来巨大红利

➢ 直播礼物——在娱乐中实现盈利

➢ 直播带货——抖音最"火"盈利方式

➢ 拓展渠道——通过抖音衍生盈利

➢ 增值盈利——通过内容 IP 盈利

➢ 平台导粉——打造完美商业闭环

➢ 线下导流——拓展实体店客户

3.1 广告盈利——最传统的盈利方式

抖音运营者要想通过短视频广告来赚钱，就必须清楚它的基本组成，包括角色和流程。短视频广告合作中所涉及的角色主要包括广告主、广告代理公司和短视频制作团队。

1. 广告主

广告主也就是品牌、企业或者商家等有推广需求的人或组织，是广告活动的发布者，是销售或宣传自己产品和服务的商家，同时也可能是联盟营销广告的提供者。通俗点说，广告主就是出钱做广告的人。

近年来，在视频移动化、资讯视频化以及视频社交化趋势的带动下，推动了移动短视频的全面爆发，同时也让流量从 PC 端大量流入移动端。短视频广告不仅投入成本比传统广告更低，而且覆盖的人群也更加精准，同时植入产品的成长性更强，可以有效触达品牌目标受众。因此，为品牌定制短视频广告已成为广告主的标配。下面介绍两种方法。

（1）智能技术定制。制作创意产品，通过各种先进技术、转场效果等，在不同场景下，充分演绎产品特性。

（2）挑战赛。通过挑战赛话题的圈层传播，吸引更多用户的参与，并将用户引导至天猫旗舰店，促进转化。

2. 广告代理公司

广告代理公司扮演了一个非常专业的角色，能够为广告主提供定制化的全流程广告代理服务，同时拥有更多的广告渠道资源和达人资源，能够制作精美的、符合品牌调性的短视频广告。

当然，在短视频广告盈利的过程中，广告代理公司的角色是可有可无的，因为广告主可以直接和达人合作，能够节省大量的广告费用，同时达人也能够获得更多收益。

但是，很多大型企业和知名品牌仍然选择广告代理公司来合作，不仅是因为他们的渠道和资源优势，而且他们的渠道管理能力和视觉包装能力也是小团队所不能比的。广告代理公司通常会实行集中化和标准化运作，在整体规划下进行专业化分工，使复杂的短视频广告业务简单化，以提高经营效益。

3. 短视频团队

短视频团队是短视频广告盈利的关键执行者，他们肩负了策划拍摄、内容制作、后期剪辑等一系列短视频创作工作，对短视频广告的曝光度和转化率产生了直接影响。

对于短视频团队而言他们的角色不仅是为广告主拍摄广告视频，还需要怀着为粉丝提供优质内容的心态。只有这样才能吸引到粉丝的关注和参与。优质的内容才是短视频核心价值，而这些被内容吸引过来的粉丝，就是短视频团队宝贵资产。短视频团队只有转变传统的广告思维、注重内容、关注用户体验，才能让粉丝的需求点和广告主的宣传目标完美结合起来，打造出高转化率的短视频广告作品。

在短视频领域，对于那些拥有众多粉丝的账号和达人来说，广告是最简单、最直接的盈利方式，他们只需在自己的平台或短视频内容中植入广告主的广告，即可获得一笔不菲的收入。

4. 短视频广告合作的基本流程

短视频广告合作的基本流程如图 3-1 所示。

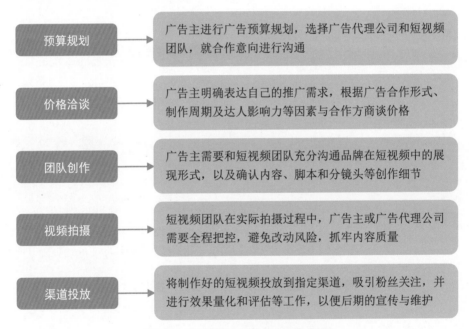

预算规划	广告主进行广告预算规划，选择广告代理公司和短视频团队，就合作意向进行沟通
价格洽谈	广告主明确表达自己的推广需求，根据广告合作形式、制作周期及达人影响力等因素与合作方商谈价格
团队创作	广告主需要和短视频团队充分沟通品牌在短视频中的展现形式，以及确认内容、脚本和分镜头等创作细节
视频拍摄	短视频团队在实际拍摄过程中，广告主或广告代理公司需要全程把控，避免改动风险，抓牢内容质量
渠道投放	将制作好的短视频投放到指定渠道，吸引粉丝关注，并进行效果量化和评估等工作，以便后期的宣传与维护

图 3-1　短视频广告合作的基本流程

5. 短视频广告合作的盈利方式

广告盈利是短视频盈利的常用方法，也是比较高效的一种盈利模式，而且短视频平台的广告形式可以分为很多种，比如冠名广告、浮窗 Logo（logotype，徽标或者商标）、植入广告、贴片广告及品牌广告等。创意植入广告可以说是短视频创作者最直接可见的盈利手段，一是收入快，二是有新意。

当然，值得注意的是，各大短视频平台运营水平参差不齐，极大地影响了盈利效果。那么，究竟怎样的运营方式才能实现广告盈利呢？一是要有一定的人气基础，二是植入广告的内容要优质，这样才能实现广告盈利的理想效果。图 3-2 介绍了短视频平台常见的广告合作盈利方式。

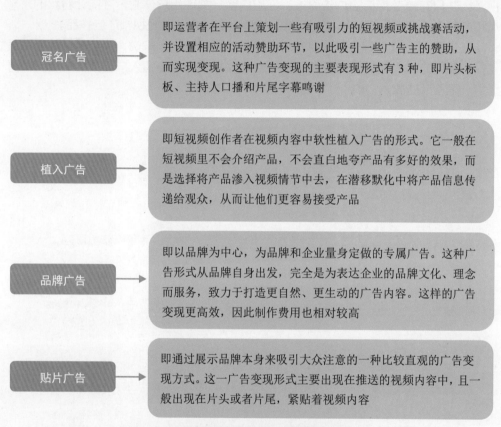

图 3-2　短视频平台常见的广告合作盈利方式

3.2　电商盈利——最直接的盈利方式

对于淘宝、天猫店主来说，抖音绝对是一个不容错过的平台。淘宝、天猫店主不仅可以在抖音上对店铺和商品进行宣传和推广，还能通过与抖音平台的对接，引导抖音用户直接进店消费。这一方面可以直接通过销售产品盈利；另一方面也能对店铺的粉丝积累起到不错的效果。

具体来说，当淘宝、天猫店铺与抖音平台做好对接后，抖音用户可以通过以下步骤进入店铺购买商品。

（1）在抖音短视频的播放界面，点击带有淘宝、天猫店铺的商品链接，操作完成后便可进入抖音商品详情界面，点击界面下方的"去淘宝看看"按钮，如图 3-3 所示。

图 3-3 点击商品链接和"去淘宝看看"按钮

（2）自动跳转到淘宝（或天猫）店铺商品详情界面之后，点击下方的"立即购买"按钮。

（3）操作完成后，在弹出的对话框中选择尺码、颜色分类、购买数量等相关产品购买信息；再点击下方的"确定"按钮，抖音用户只需支付对应的金额，便可以完成商品的选购。

淘宝、天猫店铺对接抖音平台主要的作用就是提高视频中商品的销量。此外，这也是将抖音用户引导至店铺，积累店铺粉丝的一种有效方法。而当抖音用户成为淘宝、天猫店铺的粉丝之后，再次进店购物的可能性相对来说是比较高的，这便为店铺带来了持续的购买力。

3.3 知识付费——"以知识换取财富"

目前，内容市场上的主流盈利模式是"内容免费，广告赞助"，而知识付费则与之完全相反，正如"知识转化为交易"一样，它是一种直接向用户收费的内容盈利模式。

例如，"短书"就是一个知识付费平台，结合直播等方式，允许用户用直播形式教授课程，从而将自己的知识盈利，实现知识的价值，如图 3-4 所示。

图3-4　"短书"平台的知识盈利模式

　　另外，大IP还可以用培训课程、考研教育等模式盈利，这些方法非常适合专注于做知识类内容的短视频运营者。

3.4　流量盈利——利用流量带来巨大红利

　　流量盈利已经成为各大互联网平台上最常见的商业盈利方式，具有显著的商业价值。流量盈利的核心就是将粉丝转化成流量，再将流量转化成消费的一个盈利过程。

　　在一个平台上，不管是浏览量还是点击数，这种以粉丝行为产生的数据都可以视为流量，要想实现产品的高销售额，靠的就是这些粉丝流量。本节主要讲述如何利用粉丝流量达到提升销量和实现商业盈利的目的。

　　细心的用户可能会发现，曾经备受追捧的抖音精选标签已经悄然消失，取而代之的是为商家提供的广阔平台——"精彩推荐"。抖音小助手的官方抖音账号每周都会发布一条"抖音1周精品"的视频合辑，向看抖音的用户展示既彰显个性又创意十足的精选视频，如图3-5所示。

　　抖音精选标签下线后，新发布的视频不再加"精选"字样，当然以前加"精"的视频图标也不会被去掉。

　　随着精选标签的下线，抖音在消息页面的入口处增加了一个新消息模块——"精彩推荐"，每天更新一条官推的精彩视频。点入官推的视频后，页面样式与首页推荐展示的视频样式一样，没有广告标签，但所有官推视频都与软性广告植入有关。下面通过案例进行详细分析。

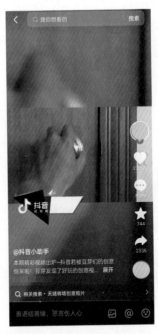

图 3-5　"抖音 1 周精品"示例

案例 1：这条软广告植入视频的文案是："意大利贴脚鞋垫，以后不用穿鞋了，各种地形都适合！"视频内容很明显就是在推广一款意大利鞋垫，主要展现这款鞋垫的趣味性，从这条短视频的点赞数就可以看出鞋垫的受欢迎程度，如图 3-6 所示。

案例 2：这条软广告植入视频的文案是："你见过可以铲起各种液体的'铲子'吗？"这是某商家推出的一款液体铲，在文案中运用了反问句，视频生动地展现了液体铲的神奇之处，既新奇又有趣，观看的用户也更容易接受软广告的植入，如图 3-7 所示。

通过以上两个案例可以发现，"精彩推荐"中官方每日推送的抖音视频虽然都是以软广告植入为主，但内容不乏新意。品牌调性与达人风格高度契合，让关注的粉丝因为对达人的信任，从而对品牌有更好的印象，达到了广告投放的预期效果。

随着越来越多的品牌主开始在抖音上寻找契合的达人进行广告投放，大量的软广告植入视频也出现了内容良莠不齐的现状，甚至招致粉丝的反感，这对于达人和品牌双方来说都是一种伤害。抖音官方上线的"精彩推荐"无疑为达人和品牌主树立了一个广告内容植入的风向标，它能促进品牌内容创作，保证视频质量。

图 3-6　短视频软广案例 1

图 3-7　短视频软广案例 2

3.5　直播礼物——在娱乐中实现盈利

抖音官方曾表示："许多达人已经积累了大量的粉丝，他们也有盈利的需求，而直播是一种已被验证的盈利方式。此外，抖音的用户主要分布在一、二线城市，消费能力也比较强。"

开屏广告、信息流广告、贴纸产品、达人合作产品等广告形式在抖音上已很常见。对于正在尝试各种盈利方式的抖音运营者来说，直播是抖音前期发展阶段验证有效的手段，不可错过。

抖音直播对盈利的主要意义在于布局内容电商，抖音利用短视频在前期累积的大量粉丝，凸显出盈利优势。

目前，抖音直播的抖币和人民币的兑换比例为 10：1，也就是说，1 元钱可以购买 10 个抖币，如图 3-8 所示。主播分成在不签约的情况下是 3：7，可以通过银行卡和支付宝提现。

虽然直播在许多人看来就是娱乐，毕竟大多数直播只是一种娱乐。但是，只要运营得当，直播也能成为赚钱的途径。因为主播们可以通过直播获得粉丝的打赏，而打赏的礼物又可以直接兑换成现金。

要想通过粉丝送礼赚钱，首先需要主播拥有一定的人气。这就要求主播自身要有某些过人之处，并通过不断努力来提高自己的技能和水平，包括良好的沟通技巧、引人入胜的内容创作能力、独特的表演风格或其他能吸引观众的特质。只有这样，才能快速积累粉丝数量。

图 3-8　兑换比例

3.6　直播带货——抖音最"火"盈利方式

通过直播，主播可以获得一定的观众流量。如果运营者能够借用这些流量进行产品销售，让受众边看边买，可以直接将主播的粉丝变成店铺的潜在消费者。而且与传统的图文营销相比，这种直播导购的方式可以让用户更直观地了解产品，它取得的营销效果往往也会更好。

图 3-9 所示为某美食直播的相关界面。如果用户想要购买某件商品，只需点击该商品链接右侧的"去抢购"按钮，即可进入该商品的购买界面。

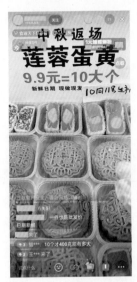

图 3-9　某美食直播的相关界面

在通过电商导购进行盈利的过程中，需要特别注意以下两点。

（1）主播一定要懂得带动气氛，吸引用户驻足。这不仅可以激发用户的购买欲望，还能借助大量在线观众，吸引更多用户主动进入直播间。

（2）要在直播中为用户提供便利的购买渠道。因为有时候用户购买产品只是一时的冲动，如果购买流程烦琐，用户可能会放弃购买。而且，在直播中提供购买渠道，也有助于主播为用户及时答疑，增加产品的成交率。

3.7 拓展渠道——通过抖音衍生盈利

很多坚持原创的抖音号都成了"超级IP"，并且衍生了很多IP附加值来实现盈利，抖音IP衍生盈利的主要方式如图3-10所示。

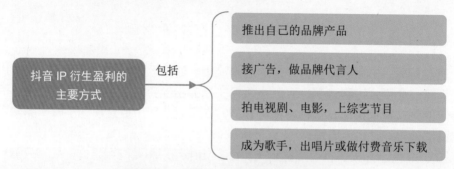

图3-10 抖音IP衍生盈利的主要方式

抖音的短视频信息传播方式，可以帮助IP吸引具有相同价值观的粉丝，实现大范围的精准营销盈利。随着泛娱乐时代的到来，IP全产业链价值正在被深度挖掘，那些成名的抖音达人盈利的机会也越来越多。

3.8 增值盈利——通过内容IP盈利

首先，"网红"要想在短视频潮流中立足，就必须打造强大的盈利和带货能力，为你的内容输出提供源源不断的资金和资源支持。

短视频平台也意识到了这一点，如抖音、快手等都在全力布局广告、电商等盈利生态圈，加快了帮助"网红"盈利的步伐，增强了他们的商业"生命力"。与此同时，盈利和带货能力也成为衡量"网红"是否具备商业价值的重要标准。

相比于抖音、快手等短视频平台上线购物车或店铺功能，京东、淘宝、拼多多也开启了自己的短视频带货之路。

如京东、淘宝等平台都在抖音开通了官方账号，并在里面发布短视频作品进行引流，还在个人简介页面加入了官方链接和联系方式。

图 3-11 所示为京东抖音个人主页。在该主页中，放置了京东的官网链接，点击该链接即可跳转至京东购物界面。

图 3-11 京东抖音个人主页

从相关数据可以看出，基于抖音的推荐算法，用户往往只关注自己喜欢的内容。因此，品牌如果想要扩散到更广泛的人群，必须在内容创作上下功夫，此时定位就显得相当重要了。

例如，小米手机之前凭借其手机创意短视频，轻松"抖出"庞大的曝光量。为了塑造小米手机高颜值的形象，小米手机在抖音上发起了"我的颜值 3200 万"互动话题，视频总播放量超过 113.4 亿次，如图 3-12 所示。

图 3-12 小米手机在抖音上的互动话题

由此可知，如果品牌定位与 IP 属性相契合，IP 营销自然就会水到渠成。做定位的核心标准就是要做到让人第一时间想到你。因此，在进行短视频盈利时，品牌与 IP 一定要从内容上建立起强关联，从过去传统的商业化转变为娱乐化，并通过精准定位在细分领域中打造不可替代的影响力。

3.9　平台导粉——打造完美商业闭环

运营者若希望自己能够长期获得精准的流量，就必须不断积累，将短视频吸引的粉丝导流到微信平台上，把这些精准的用户圈养在自己的流量池中，并通过不断的导流和转化，让流量池中的水"活"起来，更好地实现盈利。

根据腾讯发布的 2023 年第二季度财报，截至 2023 年 6 月 30 日，微信及WeChat 的合并月活用户数达到 13.27 亿，同比增长 2%。这些数据表明，微信有众多的活跃用户。对于如此庞大的流量平台，运营者一定要利用好微信，用微信来沉淀流量和维护粉丝。

首先，抖音运营者可以在抖音及直播中，在个人简介或者内容中展示微信，并且利用一定的利益来吸引粉丝添加你的微信，如红包、抽奖、优惠券、赠品或者新品抢购等。

其次，运营者通过各种福利，不仅可以引导用户分享，形成裂变传播，而且还能在微信平台上深度沉淀用户，对他们进行二次营销甚至多次营销，将收获的流量反哺到自己的店铺中，这些精准流量带来的转化率是非常可观的。

因此，打造一个"短视频（引流）→微信（导流）→店铺（盈利）"的商业闭环，对于运营者来说，可以将单个流量的价值成倍放大，获得长久的精准用户。运营者常用的微信吸粉方法主要有以下 5 种。

（1）摇一摇吸粉。"摇一摇"是一个有趣的交友功能，运营者可以通过微信"摇一摇"方式，利用人们的好奇心与交友欲，将产品宣传出去。

（2）LBS（Location Based Services，基于位置服务）吸粉。位置签名和"附近的人"等 LBS 功能具有精准定位的作用，给运营者在微信中投放促销优惠信息带来了很大方便，起到了良好的引流作用。

（3）快递吸粉。运营者可以定制一些"粉丝卡"，放在给买家发送的快递包裹中，写上"加微信领红包"或者参与免单抽奖，吸引粉丝添加你的微信。

（4）内容吸粉。在微信上分享粉丝喜欢的内容，如女装店铺可以分享新品搭配技巧或者"网红店主"的日常生活，用微信沉淀店铺的客户。

（5）主动吸粉。通过数据分析筛选出复购频率高、购买单价高的优质客户，主动添加他们的微信号（通过手机号搜索），但要注意设置好加好友上限，一个微信号每天添加不要超过 30 个。运营者可以同时运营多个微信号。

3.10 线下导流——拓展实体店客户

除了线上电商盈利外，抖音还可以吸引粉丝前往线下门店消费，助力实体商家类运营者盈利。尤其是抖音企业蓝 V 的 POI 功能，这是一个有效帮助线下实体商家和企业拓展客户的"引流带货利器"。

1. 认证蓝 V

运营者可以进入抖音创作者中心界面，在"我的服务"面板中选择"企业号"选项，进入"试用企业号"界面，如图 3-13 所示。

勾选"同意并遵守《抖音试用及普通企业号服务协议》"复选框，点击"0 元试用企业号"按钮，即可进入新界面，在此可以看到认证企业号的 3 个步骤，即上传营业执照、企业身份验证和免费资质审核。准备好相关资料后点击"去上传"按钮，如图 3-14 所示。

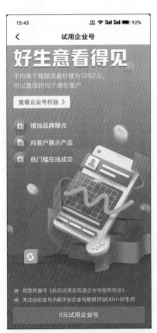

图 3-13 "试用企业号"界面

图 3-14 点击"去上传"按钮

按照系统提示完成认证步骤之后，即可成功认证蓝 V 企业号，从而享有企业蓝 V 标识、账号运营指导、昵称唯一、品牌名搜索置顶、营销账号评级豁免、私信自动回复、子母账号、同步认证、员工账号、私信消息卡片、用户管理、官网主页、在线预约、视频组件、企业直播、认领门店地址等多项专属权益，这些能够帮助企业更好地传递业务信息，与用户建立互动。

2. 门店导流

在短视频信息流中，点击 POI 标签即可进入店铺详情页，详情页还可以直接通向企业官方账号，以及展现出店铺的推荐产品。同时，本地服务类运营者可以利用详情页中的"扫码拍视频领券"功能，在抖音上为自己的线下门店投放优惠券，吸引更多精准流量。

运营者可以使用计算机端登录头条号后台，依次进入"抖音"→"商家运营设置"→"营销活动"→"卡券"平台页面，创建一个"扫码拍视频领券"的门店活动，并生成相应的二维码。用户扫描商家提供的二维码，在商家认领的 POI 地址下拍摄视频并发布，即可领取商家卡券。

"扫码拍视频领券"功能非常适合线下流量好的实体店，能够极大地鼓励用户在线上进行创作和分享短视频，这不仅能够吸引更多用户到店消费，还为店铺在抖音平台增加了曝光量。

例如，星巴克推出"隐藏菜单"，即该产品在店铺菜单上并没有列出，但可以通过菜单上已有的产品进行搭配，获取新的产品组合。许多喜欢新奇口味的人开始了对"星巴克"隐藏菜单的探索，并分享至抖音平台，使这些"隐藏菜单"变得路人皆知。图 3-15 所示为星巴克"隐藏菜单"的相关视频。

图 3-15　星巴克"隐藏菜单"的相关视频

3. 话题挑战

POI 的核心在于利用基于地理位置的"兴趣点"来连接用户痛点与企业卖点，从而吸引目标人群。大型线下品牌企业还可以结合抖音的 POI 与话题挑战赛进行联合营销，通过提炼品牌特色，找到用户的"兴趣点"来发布相关的话题，这样不仅可以吸引大量感兴趣的用户参与，还能让线下店铺获得大量曝光，而且这种精准流量带来的高转化率也会为企业带来高收益。

例如，必胜客推出"DOU 出黑，才够 WOW"有奖话题挑战活动，吸引了一大批抖音用户参与，大量相关视频开始出现在抖音平台上。这一活动起到了为"黑比萨"宣传造势的作用，再加上许多人之前没有吃过"黑比萨"，所以对这种新品也很好奇，因此许多抖音用户想要品尝这种新奇的比萨。

在抖音平台上，只要有人观看你的短视频，就能实现用户触达。POI 拉近了企业与用户之间的距离，在短时间内实现品牌互动的最大流量，为品牌营销推广和商业盈利提供了便利。而且 POI 搭配话题功能和抖音平台引流带货特性，也让线下店铺的传播效率和用户到店率得到提升。

第 4 章

10 种运营手段，迅速玩转今日头条

学前提示

今日头条平台是一个以精准算法而知名的新媒体平台，该平台上很多运营策略都是用数据来实现的，如推荐机制、用户数据、内容数据和创作热点数据等。本章将从数据出发，结合内容分析和创作热点，从而实现指导内容运营的目标。

要点展示

➢ 用户数据——了解基本用户数据
➢ 图文数据——增加文章阅读来源
➢ 打造爆文——捕捉分析热点事件
➢ 个性推荐——文章内容精准投放
➢ 偏好内容——把握内容拓展方向
➢ 偏好关键字——准确反映用户兴趣
➢ 优化内容——不断提升产品品质
➢ 推荐判定——了解头条推荐机制
➢ 善于推广——快速获得高推荐量
➢ 排查隐患——及时处理相关问题

4.1 用户数据——了解基本用户数据

在今日头条平台上，与头条号的运营息息相关的数据一般包括推荐用户、新增用户和累计用户，本节分别为大家进行介绍。

1. 推荐用户

推荐用户这一数据与文章质量紧密关联：如果质量好，符合今日头条平台推荐机制，那么当天发布的文章其推荐用户就多；如果质量差，不符合今日头条平台推荐机制，则当天发布的文章其推荐用户就少。

那么，推荐用户究竟是什么呢？推荐用户就是平台系统得出的一个关于发布的文章会推荐给多少用户来阅读的数据，这一数据并不是凭空产生的，而是系统通过诸多方面的考虑和评估后给出的。影响推荐用户的主要因素有该头条号在最近一段时间内发布文章的情况、文章内容本身的用户关注热度等。

2. 新增用户

新增用户，顾名思义，就是在原有的用户群体之外，在新的一天内有多少用户关注了头条号。在头条号后台，运营者如果想要查看新增粉丝数据，需要在"主页"页面点击"粉丝管理"按钮，进入"粉丝概况"页面进行查看。

在"头条粉丝"区域可以查看"7 天""14 天"和"30 天"的新增粉丝数。图 4-1 所示为头条号"手机摄影构图大全"后台中显示的以 30 天为一个时间区隔的新增粉丝数量趋势折线图。在该趋势图上，将光标指向不同的节点（日期点），还能够看到该日期下详细的新增粉丝数据。

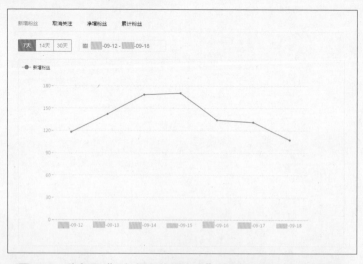

图 4-1　头条号"手机摄影构图大全"新增粉丝数量趋势折线图

对于运营者来说，观察图 4-1 所示的新增粉丝数据的趋势图，有着重大意义和价值。一方面，根据新增粉丝的趋势情况，可以判断不同时间段的文章推广效果；另一方面，根据趋势图中新增粉丝数的最高点和最低点，再结合当时发布的内容，可以分析出这两种不同寻常的推广效果出现的原因。

3. 累计用户

在"粉丝概况"页面上方，用大号字体显示了头条号的粉丝数，如图 4-2 所示。需要注意的是，这里的粉丝数包括了与头条号有关的"头条 / 问答""西瓜"和"抖音"总的数量。

图 4-2　头条号粉丝数

而累计用户，在这里就是指头条号当前的粉丝数，即头条号从创立至今有多少用户在关注，它是每天新增用户数和每天取消关注用户数之差，在头条号运营时间内的总和。在一定程度上，累计用户数量可以代表头条号的运营成果。

4.2　图文数据——增加文章阅读来源

在"数据分析"页面，运营者点击页面上方的"图文分析"按钮，即可切换到"图文"页面，在该页面的"图文数据"标签下显示了"图文分析"页面的内容，从中可以得出以下运营结论。

（1）高推荐量是基础。图文内容只有具有高推荐量，才能在更广的范围内被受众看到，这样才能提升用户阅读的可能性。相应地，评论量、涨粉量、收藏量和转发量也才能更高。

否则，在推荐量很少的情况下，即使文章质量再好，阅读率（阅读率＝阅读量÷推荐量）再高，那么其阅读量还是有限的，后面的几项数据自然也很少或几乎没有。因此，通过多方面努力提升推荐量是运营的基础。

（2）价值展示很重要。在有了高推荐量的基础上，标题中的价值展示很重要。在阅读量、评论量、收藏量和转发量方面，数据较高的前 3 名无一不是在标题中展示了阅读者所能获得价值的文章，再搭配上富有技巧的使用场景，会使推广效果更好。

　　每篇文章的"操作"栏下方，有一个"详细分析"按钮，点击该按钮即可进入单篇文章内容的数据"详细分析"页面。该页面包括 4 个区域的内容，如图 4-3 ～图 4-5 所示。

图 4-3　"文章阅读数据概况"区域

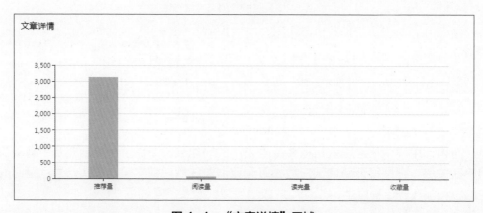

图 4-4　"文章详情"区域

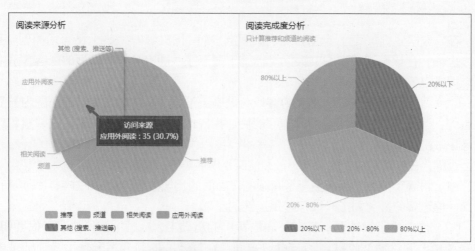

图 4-5　"阅读来源分析"区域和"阅读完成度分析"区域

其中，图 4-3 中的区域包括 3 方面的数据，具体内容如下。

（1）平均阅读进度：即在所有点击阅读的用户中，他们阅读文章的平均完成度的百分比。这是判断一篇文章是否有价值和是否值得阅读的重要指标，该百分比越高，代表该篇文章的阅读价值越大。

（2）跳出率：即在所有点击阅读的用户中，有多少人是在还没有读完 20% 的内容时就放弃了阅读的。这个数据的含义恰好与平均阅读进度相反，往往百分比越高，文章阅读价值可能就越小。

（3）平均阅读速度：即在所有点击阅读的用户中，他们阅读该篇文章的平均速度的百分比。这一数值以"字 / 秒"为单位，表示用户平均一秒阅读了多少字。这一数值是由多方面因素决定的，一般而言，内容越容易让人理解，其平均阅读速度就越快。

"文章详情"中的"推荐量""阅读量""读完量"和"收藏量"很好理解，这里就不再赘述了。而在"阅读来源分析"和"阅读完成度分析"区域，运营者移动光标至图的某一色块上，就会显示该色块的含义、详细用户数据及其比例。在此以"阅读来源分析"中的"应用外阅读"为例进行介绍，如图 4-5 所示。

所谓应用外阅读，即被分享到其他平台（如新浪微博、QQ 空间等）或转发到其他应用里的头条号文章阅读量，这里的"应用外"是相对于头条客户端而言的。从图 4-5 中可以看出，突出显示的色块代表的是阅读来源的"应用外阅读"，其具体的用户数据为 35 人，占用户阅读总数的 30.7%。

4.3　打造爆文——捕捉分析热点事件

在"今日头条媒体实验室"网页中，运营者可以通过"热点追踪"预测热点的走向和未来一段时间内的热点，其"热门事件"页面的"热度值"和"飙升事件"页面的"飙升值"都是可以参考的依据。

从图 4-6 和图 4-7 中可以看出，无论是热度值还是飙升值，都用一段短的折线表现出了该热点的发展趋势。如果热度值和飙升值呈上升趋势，就表示该热点在未来一段时间内可能还会维持其当前的热度，甚至热度可能上升；反之，则相反。基于此，运营者可以结合自身头条号内容的垂直领域与未来可能的热点，打造借势型的爆款内容。

无论是热门事件还是飙升事件，它们都是社会的热点，可能与自身头条号内容的相关度并不太高，此时，运营者可以在"今日头条媒体实验室"网页上方的文本框中输入关键词来挖掘和分析与自身头条号推广内容相关的热点。下面以关键词"摄影"为例进行介绍。

图4-6 "热门事件"页面的"热度值"展示

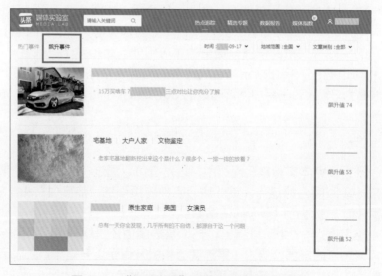

图4-7 "飙升事件"页面的"飙升值"展示

输入关键词"摄影",即可进入相应的页面,在该页面中,运营者可查看该关键词的"热度指数""关联分析""相关内容""人群画像"和"评论分析"5项数据。下面对"热度指数""关联分析"和"人群画像"进行详细介绍。

1. 热度指数

"热度指数"折线图是根据其系统的热度指数模型计算得出的以小时或天为单位的热度值趋势图和累计图。

2. 关联分析

"关联分析"是指推送的内容中与"摄影"相关的一些关键词的分析，它包括两部分内容：一是相关关键词热度分布图；二是关键词的相关度和热度排名列表。

如果运营者想了解相关关键词的具体内容和含义，单击代表该关键词的圆形即可显示出来，如图4-8所示。

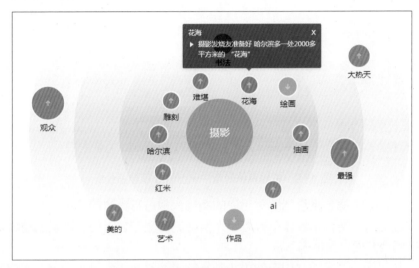

图4-8　相关关键词的具体内容和含义

总之，根据"关联分析"中的数据信息，运营者可以清楚地知道哪些与"摄影"相关的关键词是可以运用在自己的内容创作中的，它们的热度情况究竟如何，这样的热点挖掘对头条号作者和运营者来说还是非常有意义的，因为它避开了在寻求热点过程中茫然无措和无处选择的困境，为植入热点的内容创作指明了方向。

3. 人群画像

"人群画像"是指今日头条用户对关键词关注度的分析，它主要包括4方面内容，即地域渗透度、用户兴趣、性别渗透度和年龄渗透度。

4.4　个性推荐——文章内容精准投放

众所周知，今日头条的机器推荐系统实现的是个性化推荐，它会给每一位用户推荐其可能感兴趣或与其兴趣相符的内容。那么，这个机器推荐系统是如何解读文章内容并将其与用户进行匹配的呢？

关于机器推荐，比如一篇关于新媒体运营的优质文章，它的阅读量很高，已经突破了 100 万人次，这篇文章放在微信公众平台上称得上是爆款了，但是在今日头条平台上，即使它的阅读量再高，在用户没有关注的情况下，该运营者后续的文章也很难获得大的流量。

可见，今日头条实行的是精准的个性化推荐，它对用户的认知是非常充分的，是建立在对大量数据进行分析而得出的用户结果的基础上的。具体来说，机器系统对用户识别主要包括 3 项数据，如图 4-9 所示。

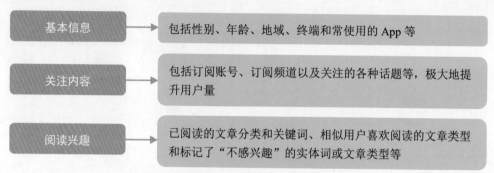

图 4-9　机器系统对用户识别的 3 项数据分析

通过这 3 项数据，系统能够对用户的阅读兴趣进行大致的评估。当然，系统对这些用户数据的判断，是建立在有着较大信息流的基础之上的。这里的较大信息流主要包括两个方面，具体如下。

（1）从时间角度来说，用户使用头条号的时间越长，系统所获得的用户数据信息就越多。

（2）从用户数量角度来说，使用头条号的用户越多，那么系统所获得的数据信息就越多。

经过了时间和用户数量的数据信息积累，今日头条平台的机器系统对用户的兴趣判断也就会越精准，从而能够得出更加清晰的用户画像，最终寻找到目标用户喜欢的某一篇或某一类文章，并进行内容推荐。

4.5　偏好内容——把握内容拓展方向

关于头条号的用户偏好哪些分类内容，其实也是用户属性的组成内容之一，只是与前面介绍的纯粹从用户自身出发的总体比例情况的 4 个客观方面不同，用户偏好哪些分类内容，更多的是建立在主观上的数据，为运营者提供了明确的内容运营方向。

图 4-10 所示为头条号"手机摄影构图大全"用户的偏好分类内容分布图。将光标放在图上，可以看到该柱形条所代表的分类内容的具体比例。

　　从图 4-10 中可以很清楚地看到不同偏好分类内容的用户比例差距和具体的占比，这些数据使得运营者能够对内容的潜在发展方向有一个基本的了解，进而使得随后的运营工作更加顺畅起来，做到得心应手。

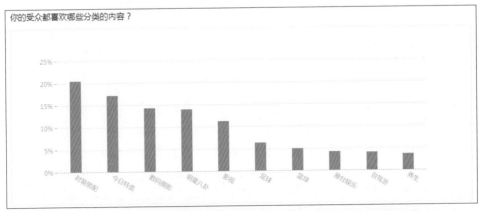

图 4-10　"手机摄影构图大全"头条号的用户偏好分类内容分布图

4.6　偏好关键字——准确反映用户兴趣

　　与偏好哪些分类内容相似，关于用户偏好哪些关键词也是可以为具体的运营工作提供直接指导的。更重要的是，它是针对头条号所推送内容的所属分类得出的结果，因而可以在内容中更多地植入用户偏好的合理关键词，以便让内容更多地被用户搜索和喜欢，从而促进头条号的发展和壮大。

　　图 4-11 所示为头条号"手机摄影构图大全"用户的偏好关键词分布图。同样，将光标放在图上，可以看到该柱形条所代表的关键词的具体比例。

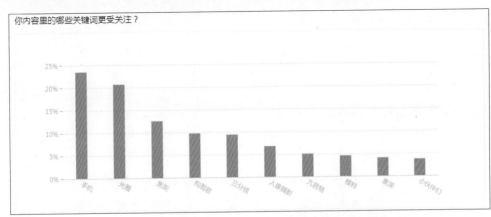

图 4-11　"手机摄影构图大全"头条号的用户偏好关键词分布图

4.7 优化内容——不断提升产品品质

关于提高用户留存率的策略，其核心可以概括为一点，即应专注于优化平台和产品本身。

而质量是产品价值的重要体现，每个用户都希望自己关注的产品是质量过关的。正是因为在关注或者购买之前对其质量就有了一定的预期，所以用户会结合实际和预期给产品作出评价。而此时，产品的质量在一定程度上直接决定了用户的购物体验。

因此，运营者应该认识到，如果你的产品主体是技巧性、专业性的文章内容，就应该提供有自己观点和见解的优质内容，并根据需要不断地进行优化。如果你的产品主体是商品，就应该保证产品质优价廉，让用户购买了之后能满意。

在查看用户留言或评论时，我们经常观察到这样的现象，一旦某篇文章获得好评，通常随后会接连都是好评，并且这些评价会以不同的方式呈现。图 4-12 所示为头条号"手机摄影构图大全"中一篇文章的部分评价展示。

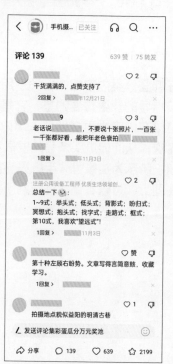

图 4-12　头条号"手机摄影构图大全"中一篇文章的部分评价展示

从图 4-12 中不难看出，用户纷纷对文章表示了认同和赞美，或是从文中摄影图片本身来说，或是心有好感之后的表示认同行为的发生（如转发、点赞等）。如果仔细看还会发现，用户给好评是因为"美／漂亮""专业"。

而这些词正是用户对文章这一产品质量的形容。换句话说，用户体验是基于产品质量的。实际上，即便在其他所有外在条件都无可挑剔的情况下，一旦产品本身存在质量问题，就无法给用户提供良好的体验。因此，在今日头条号运营过程中，运营者一定要把好质量关。

在这方面，各大电商平台就做得很好。在如今电商平台如雨后春笋般不断涌现的环境下，它们的营销策略也是层出不穷。在优化产品方面，无论是在商品自身还是在宣传内容上，都有大的突破。它们不仅以各种方式对商品质量作出承诺，还搭配了不同的展现方式。

这些都是值得进行今日头条平台营销活动的管理者和运营者借鉴的，且已有很多企业、商家在推广过程中借用今日头条平台这一渠道，辅以各种技巧和方式，取得了不错的效果。

不论是推送内容的优化还是商品的优化，归根结底都是平台产品的优化。而对于用户来说，假如你经常推出的是相同的或者是"换汤不换药"的内容，抑或是你经营的商品在品类、品牌、款式上没有任何更新，那么，用户也是不愿意关注的，这样的平台产品是留不住用户的。只有不断优化，不断推陈出新，才是留住用户的不二法门。

4.8　推荐判定——了解头条推荐机制

本节重点讲述的推荐系统，其实质就是机器对文章的阅读。当然，这种阅读与日常生活中的阅读不同，它具有高速、有针对性的特征识别等特点。

所谓高速，就是针对今日头条平台的 5 亿用户信息流，机器推荐系统都能较好地完成阅读任务。

而有针对性的特征识别，是机器了解推送文章的工作方法和途径。那么，它究竟是怎样进行特征识别的呢？这是可以通过很多维度来实现的，其中比较重要的就是"关键词"这一维度。

从关键词这一维度来说，机器推荐系统会根据两大原则从众多内容中抓取一些词语作为关键词，具体如图 4-13 所示。

系统完成了关键词的判定后，就会将这些关键词与文章分类模型进行对比，从而得出这些关键词与哪一类关键词库中的关键词契合度高，那么该篇文章就会被贴上哪一类的标签并进行推荐。

高频词：把握主要内容	一篇文章是由有一定篇幅的内容组成的，在这些内容中，关键词是从那些出现频率比较高的词中选取的，如一篇关于新媒体运营的文章，其高频词就有可能是平台名称、运营术语或技巧等，如"今日头条""吸粉""数据分析"等
次数少：做好特征识别	这里的"次数少"不像"高频词"是针对一篇文章本身来说，而是针对一类文章来说的。之所以要关注出现次数少的词，是因为其代表的是该篇文章的识别特征。但要特别注意的是，那些非常规词语尽量不要使用，它们一般会造成文章的理解障碍，且并不在关键词的提取范围之内

图 4-13　机器推荐系统的两大关键词判定原则

4.9　善于推广——快速获得高推荐量

运营者要想让自己的产品被更多的人了解、熟悉，除了需要进行内容创作、优化之外，还需要对创作的内容进行推广。运营者在进行内容推广的时候，必须掌握一些推广技巧，采用这些技巧可以让内容推广的效果达到最佳，从而吸引客户消费自己的产品。接下来，介绍几种常规的内容推广技巧。

1. 大数据

精准化推广主要是借助大数据的分析能力，将用户群体按照一定的方式进行分类，从而使产品更具有针对性。在今日头条平台上，精准推广的基础就是大数据，一般包括阅读数据、关注数据和其他数据。基于这些数据，系统可将用户群体按照一定的方式进行分类，解析用户需求，从而创作内容。

对于头条号来说，主要就是需要用户流量，而用户流量的网络表现就是数据，所以头条号的内容推广与大数据是紧密相连的。大数据的出现影响了市场的环境，也会促使头条号进行相应改革，相关分析如图 4-14 所示。

在头条号的实际运营中，大数据的分析功能至关重要，数据能够给我们最好的答案。通过"内容营销＋大数据"的模式，系统可以运用智能推荐算法和消费者画像数据等，对接消费者的需求和爱好。

大家熟知的"京条计划"就是头条号与京东商城联合推出的内容精准化推广的案例。京东商城是一个知名的电商平台，而今日头条则是一个产生内容的新媒体平台，它们联合推出了一个"京条计划"，其主要内容如图 4-15 所示。

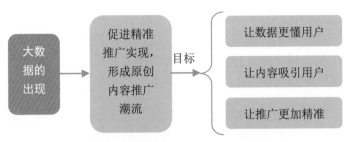

图 4-14 大数据对内容电商影响的相关分析

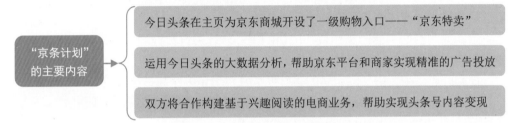

图 4-15 "京条计划"的主要内容

"京条计划"融合了"电商＋大数据＋内容营销"等新型商业趋势，而且这只是一个开始，还有更大的发展空间值得进一步挖掘。

2. 好口碑

口碑推广，顾名思义，就是一种基于企业品牌、产品信息在目标群体中建立口碑，从而形成"辐射状"扩散的内容推广方式。在互联网时代，口碑推广更多的是指企业品牌、产品在网络或移动互联网上的口碑推广。

口碑自古乃是"口口相传"，其重要性不言而喻，就如小米，其超高的性价比造就了高层次的口碑形象，从而在人们之间快速传播开来。如今有不少企业想要将口碑营销与内容推广相结合，希望进一步打造企业的口碑。想要通过内容来打造一个好口碑，就需要做到以下4点。

（1）角度新奇。人们往往对新奇而有趣的事物更愿意去关注和分享，内容推广也是如此，一篇有趣的文章总会引起用户的好奇，引发用户自动传播。因此，企业在策划口碑内容推广时，可以从新奇的角度出发。

（2）刺激心弦。不管是哪种类型的用户，都会有一根敏感的心弦，只要头条号用内容刺激到了人们的心弦，使之产生共鸣，就能拉近与用户的距离，从而影响用户，并进一步形成口碑推广效应。

（3）关联利益。用户最关心的就是自己的利益，如果头条号能够以用户利益为出发点，让用户从内容中感受到自己能受益，那么自然就会受到消费者的拥戴，口碑传播也就自然而然地形成了。

（4）内容真实。在进行头条号口碑内容推广时，必须坚决避免虚假宣传的行为，尽管这种做法可能在短期内吸引大量关注，但最终真相总会大白。当消费者意识到存在名不副实的情况后，就会对该企业感到失望，甚至会公开谴责企业，这将严重损害企业的品牌形象和信誉度，从而使口碑推广的目的无法实现。

3. 事件推广

事件推广就是通过对具有新闻价值的事件进行操作和加工，让内容中的这一事件继续得以传播、推广，从而达到实际的广告效果。事件推广能够有效地提高企业或产品的知名度、美誉度等，优质的内容甚至能够直接让企业树立起良好的品牌形象，从而进一步促成产品或服务的推广营销。

创新的内容推广活动策划只是成功的第一步，进行有效的用户转化才是企业通过事件推广获得收益的实际效果。

在实际应用中，由话题引导的事件推广往往具备多个其他渠道没有的特点。

（1）风险特点：事件最终发展往往不是发起者能控制的。

（2）成本特点：一段话、一篇文章就能够成就一次事件。

（3）效果特点：效果十分明显，大众的参与度很高。

（4）引导特点：需要持续进行正面引导，防止出现问题。

在将话题转为自身品牌建设之后，企业就可以通过不同的渠道进行影响力拓展，尤其是一些新媒体渠道。

在计算机和生物界，"病毒"都是一种极具传播性的东西，而且还具有隐蔽性、感染性、潜伏性、可激发性、表现性或破坏性等特征。然而在内容运营中，病毒式推广却是一种好的扩散方式，它可以让头条号内容大范围地传播到许多人群中，并形成"裂变式""爆炸式"或"病毒式"的传播状况。

在运用病毒式推广内容时，可以采用以下 3 种策略。

（1）创建"病原体"。"病原体"必须具有强大的感染性，才能吸引用户关注并引起共鸣，从而不断裂变。

（2）找到"易感染人群"。通常，企业自己的粉丝是第一批"被感染者"，然后在他们的带动下传播到其他普通受众群中去，从而获得更多人的关注。

（3）选准传播渠道。"病原体"不会自己自动传播，而是需要通过一定的网络或线下的媒体渠道来传播，因此，首先要选择一个拥有最容易被感染人群的社区平台来发布，然后利用感染者的积极性来一层层不断地扩散"病毒"。

4.10　排查隐患——及时处理相关问题

在已经收集和整理了用户反馈和体验的情况下，运营者就能清晰地知道运营的问题所在，也能更好地了解用户需求，在此基础上，有针对性地解决用户提出的关于平台的各种问题，对于留住用户、减少用户的流失率有很大作用，如图 4-16 所示。

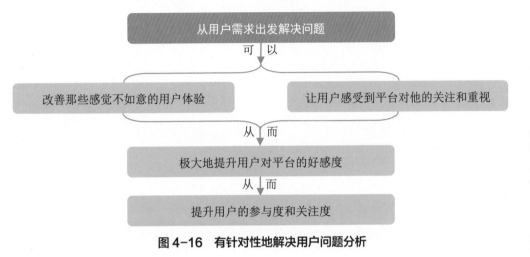

图 4-16　有针对性地解决用户问题分析

第 5 章

10 个吸粉技巧，使头条用户活跃起来

学前提示

随着头条号用户群体的不断增长和推荐算法的不断优化，用户可接触的内容范围也日益扩大。因此，对于头条号的运营者来说，如何吸引并保持大量粉丝，留住用户，并促使他们不断地关注头条号，已经成为其运营策略中的首要任务。

要点展示

- ➢ 话题互动——利用话题博取关注量
- ➢ 微头条——利用微头条吸粉引流
- ➢ 内容引导——利用内容提高关注度
- ➢ 功能吸粉——利用功能提高关注度
- ➢ 互动吸粉——通过互动提高关注度
- ➢ 外链引流——利用外链博取关注度
- ➢ 互粉互推——通过互粉与互推引流
- ➢ 其他平台引流——通过外部平台来吸粉
- ➢ 活动引流——通过活动提高关注度
- ➢ 激励机制——激励用户以增加黏性

5.1 话题互动——利用话题博取关注量

利用互动话题内容来涨粉，归根结底，还是得力于优质内容和今日头条平台的发展，也就是说，头条号打造一个互动话题，可以在提升粉丝黏性的基础上吸引更多有意愿参与话题的粉丝关注。

那么，这些话题究竟是什么话题呢？它们又是如何引导粉丝关注的呢？一般来说，头条号打造的互动话题有两个要求：一个是要有吸引用户参与的动力，如提供某方面的福利、利用话题引导用户发表看法等，如图 5-1 所示。

图 5-1　打造吸引用户参与的话题

图 5-1 中的两个案例，一个是利用"猜谜"活动来引导用户参与，另一个则用脑筋急转弯来引导用户留言，这些都是比较吸引人的，因而引来了很多人留言，自然，它在吸引粉丝方面的效果也不会逊色。

另一个要求是需要合理安排时间和具体事务。通常，提前发布相关信息可以吸引更多粉丝关注话题。在用户参与过程中和话题结束后，运营者需要妥善安排，注意引导用户、提升用户体验，并及时回应用户的观点和态度。

5.2 微头条——利用微头条吸粉引流

在今日头条平台上，通过 PC 端进入一个头条号主页，该页面的账号下方显示了 3 类内容，即文章、视频和微头条。头条号发布的微头条内容会根据用户偏好被推送到头条平台首页,如果用户对微头条内容感兴趣,会进一步点击右上角的"关注"按钮,成为头条号的粉丝。

微头条内容的篇幅是简短的,在"微头条"页面无须点击即可阅读。因此,运营者可以用几句话或几张图片吸引读者的注意力和好奇心,或者获取读者的认同。图 5-2 所示为发布的两篇微头条内容,这两篇微头条就以几行字和一张图片,吸引了许多读者的点击阅读,可谓目标清晰、言简意赅,引流效果很明显。

图 5-2　简短的微头条内容

在引流方面,微头条除了利用优质的内容来实现引流目标外,更重要的是,对一些新创建的头条号而言,由于还处于体验期,其所推送的图文内容并不能被推荐给关注用户以外的读者。因此,要想引流,除了主动邀请外,通过微头条来引流是最有效的方式,这主要表现在以下 3 个方面。

（1）微头条内容简短,自然编辑起来很简单。因此,在微头条内容中分享一些精辟的、干货式的知识点,在有价值内容的支撑下,很容易提升头条号的粉丝量。

（2）微头条发布程序简单,无须经过审核,因而在其中加入一些引导关注头条号的话语是不影响推荐的,在这种情形下,实现引流也就更加直白和轻松了。

当然,这种引导语可以用多种形式发布,如凭借优质的内容来直接引导,也可以进行内容预告来引导关注,在笔者看来,这些都是切实可行的引流方法。

（3）微头条可以是图文内容或视频内容。用户可以通过点击"微头条"按钮进行内容的编辑。在内容发布界面中,开启"同时发布微头条"功能,即可将该篇内容同时分享到微头条板块中,如图 5-3 所示。

图5-3　开启"同时发布微头条"功能

这样，通过分享到微头条的方式发布内容，也是可以吸引到一些粉丝的。

5.3　内容引导——利用内容提高关注度

前文已经陆续介绍了在内容中引导用户关注来吸粉的方法，下面系统地介绍如何更好地在内容设置中引导用户关注。

1. 在图文内容中引导关注

在头条平台上，与微信公众号一样，不添加关注也可以查看账号发布的内容。此时，运营者要做的就是在用户阅读时或阅读完时引导用户关注。图5-4所示为某头条号设置在图文内容中引导关注的话语。

从图5-4中可以看出，该头条号的引导关注设置位于文章结尾，且以与正文内容相同格式的简短话语来表示。当然，还有一些文章，在开头和结尾处都进行了设置，并以特殊的格式来突出显示：引语格式＋无序列表＋字体加粗。

2. 在视频内容中引导关注

在视频内容中引导关注，有时可能是在视频某处显示了头条号，或是视频中的人物以说话的形式来直接邀请用户关注，如图5-5所示。一般来说，只要视频确实有趣、有料，观看了视频的用户一般会选择关注其头条号的。

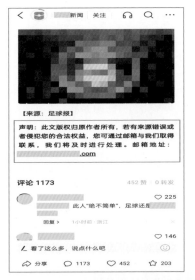

图 5-4　某头条号的图文内容引导关注

图 5-5　某头条号的视频内容引导关注

3. 在微头条内容中引导关注

微头条内容本身比较简短，因此，在其中添加引导语来吸引用户关注的比较少，更多的是利用"@××"的形式使用户关注账号，特别是一些将图文内容分享到微头条的运营者更是如此。但在有些微头条内容中，还是存在引导关注现象的，如图 5-6 所示。

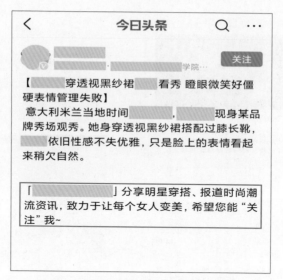

图 5-6 某头条号的微头条内容引导关注

在图 5-6 中，不仅引导用户注意到头条号，而且更重要的是，它还促使用户关注相关节目，进而使节目可以成功吸引更多粉丝。

5.4 功能吸粉——利用功能提高关注度

在微博和微信公众号等社交平台上，私信功能是标准配置，使用户能够直接进行私密交流。今日头条平台则进一步优化了这一功能，特别设计了一个"私信"菜单，这一设计在吸引和引导用户方面发挥了双重作用。

首先，今日头条规定用户在发送私信之前必须先关注相应的头条号。这样的机制确保了用户在通过手机客户端访问头条号首页并点击"私信"按钮发送消息时，已经自然而然地成了头条号的关注者，如图 5-7 所示。这一策略有效地将潜在的交流者转为了固定用户基础的一部分。

其次，考虑到一些用户在满足需求后可能会选择取消关注，今日头条的私信回复功能提供了第二个优势——通过私信回复介绍头条号的特色和价值，这不仅能提高用户的黏性，还能进一步巩固用户与平台的长期联系。

通过这种方式，今日头条平台巧妙地利用私信功能，既吸引了新用户，又增强了现有用户的忠诚度。

在这两方面便利之下，用户成为头条号的粉丝以及忠实粉丝基本上成功了，其吸粉引流的过程是容易操作的，而结果也是可期的。因此，在头条号运营的过程中，可积极通过"私信"菜单来涨粉。

但是在吸粉的过程中还有一个关键点，就是头条号用什么缘由让用户给你发送私信。一般来说，能让用户发私信的原因，无非就是该头条号有他所需要的优质资源或独家文章，用户能通过发私信的方式获取，因此才推动了关注头条号行为的发生。

图 5-7　发私信操作

5.5　互动吸粉——通过互动提高关注度

创作者和运营者在管理头条号的过程中，除了要注重内容质量，以便吸引粉丝外，还可以通过与用户互动来吸引粉丝，提升用户黏性。本节就从用户管理这一角度介绍通过互动提高关注度的方法。

1. 评论管理

在头条号后台的"评论管理"页面，有 5 个选项可以查看评论，即"全部""文章""视频""微头条"和"问答"。

关于这些评论，运营者在"评论管理"页面选择相应的选项，就可以跳转至相应的页面进行查看。

图 5-8 所示为选择"微头条"选项后进入"评论管理"页面的效果展示。在这个页面中，运营者可以查看全部微头条的标题、评论状态、总评论数和粉丝评论数等内容。如果想要了解每篇文章的详细评论内容，可以单击文章名称，进入相应页面，查看该篇文章的每一条评论。

图 5-8　选择"微头条"选项后进入"评论管理"页面效果展示

当然，关于评论内容的回复，运营者除了要回答评论者的问题外，还需要对不同的用户采用不同的回复策略，具体如下。

（1）针对粉丝评论。运营者首先应该谢谢他们持续关注，然后在回答他们的提问时，要采用更亲切的语气，仿佛老朋友在交谈一样，这样才能最大限度地提升用户的忠诚度。

（2）针对非粉丝评论。运营者首先也应该谢谢他们的支持，然后回答评论者的问题。此外，运营者还应该在最后以简短的语言，尽可能地呈现用户关注后的福利，并邀请他们关注你。

另外，不知大家注意到没有，在每条评论的右侧有一个"…"图标，移动光标至该图标上，会弹出"删除"选项，运营者如果觉得该评论存在问题或不中肯，即可进行删除操作。

2. 评论保护

在头条号后台的"功能权限"页面，有一项与评论保护相关的功能，即"评论保护"功能，这是一项对运营者有着自主管理文章评论、避免受到低质评论的攻击、提升用户的阅读体验等重要意义的功能。

既然"评论保护"功能有着如此大的作用和意义，那么，运营者应该如何开通该功能呢？开通该功能是需要一定条件的，一是要求头条号已经开通了原创功能，二是在粉丝数量上要求头条号至少有 10000 个累计粉丝。只要满足上面这两点要求，即可开通"评论保护"功能。

相对于开通需要的较高条件来说，开通的操作则很简单。运营者进入"功能权限"页面，单击"评论保护"功能右侧的"申请"按钮即可开通该功能。当然，如果运营者单击"恢复评论"按钮，也可恢复评论，用户可以重新对文章内容进行评论。

在应用"评论保护"功能时，运营者要谨慎操作，其原因表现在以下3个方面。

（1）单篇文章在一天之内只有一次关闭／恢复评论权限。

（2）关闭评论后，该篇文章的推荐量将会受到影响。

（3）关闭评论后，阅读文章的用户将无法进行评论。

5.6　外链引流——利用外链博取关注度

在今日头条平台上，运营者发布文章之后，除了可以通过头条号平台来推广内容外，还可以通过头条号平台的外链推广，即把内容分享到其他引流渠道中，从而扩大内容的推广范围。图5-9所示为将头条号内容分享到QQ空间的内容设置页面。

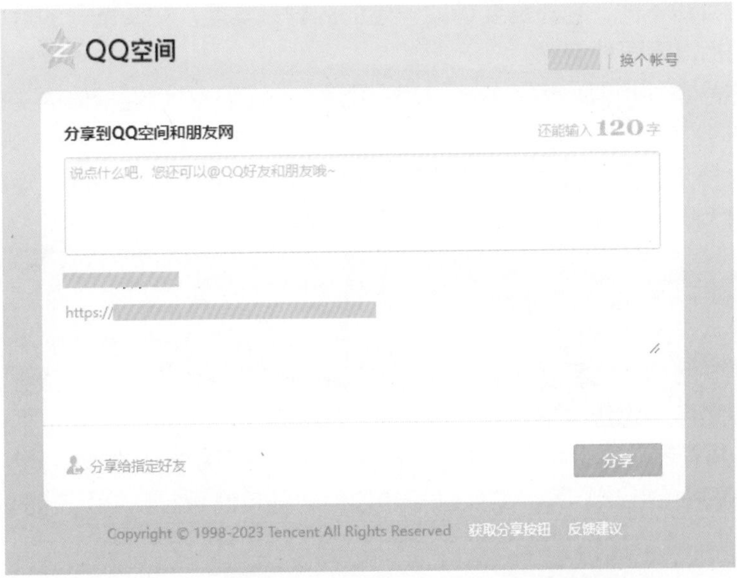

图5-9　将头条号内容分享到QQ空间的内容设置页面

而QQ空间作为知名的社交平台，是大家比较关注的，如果有用户对分享的内容感兴趣，就极有可能在分享的社交圈子中引起病毒式传播。

特别是当运营者在分享时加入一些与热点事件和人物有关的话题，或者是与内容的垂直领域相关的话题时，就会更具传播性。

5.7　互粉互推——通过互粉与互推引流

今日头条中最能实现共赢的吸粉手段莫过于和其他账号合作，相互成为对方的粉丝，或者建立一个矩阵账号，用大号带动小号。本节介绍互粉、互推的方法。

1. 互粉

所谓互粉，就是账号双方互相成为对方的粉丝。一般来说，互粉操作可以轻松实现，当运营者进入头条号后台主页时，点击"消息管理"按钮，进入"消息"页面，该页面展示了关注你的用户。此时，只要点击用户右侧的"关注"按钮即可关注对方。

当然，你关注了别的头条号但对方却没有关注你的情况会经常出现，此时，用户为了保证互粉，可以在对方推送的内容中留言，提出希望互粉的愿望，如"诚信互粉""粉必回"等，这能在很大程度上提升互粉的成功率。

2. 互推

互推与互粉不同，它还需要借助一定的内容来实现。在头条号的互推增粉过程中，一般包括以下两种情况。

（1）账号调性相似。运营者经过思考衡量，选择一些调性相似的头条号进行软文、视频等内容的互推，在这一过程中，互推的理由非常重要，会直接影响互推结果。

（2）大号带小号。有些头条号并不是单独存在，而是存在头条号矩阵的，此时就可以采用大号带小号的办法推动矩阵号的粉丝发展。

5.8 其他平台引流——通过外部平台来吸粉

随着互联网和移动互联网的发展，越来越多的新媒体平台不断涌现，其领域所涉及的范围之广、内容类型之多，让人目不暇接。而作为在今日头条平台发展的自媒体人，又将有哪些机会可以为自己的头条号吸引更多粉丝呢？本节就从社交媒体、资讯等类型的平台出发，来介绍头条号是如何利用其他平台吸粉引流的。

1. 社交媒体平台

微信是现今运用范围极广、发展速度极快的社交媒体平台，与之相关的微信公众平台更是成为众多自媒体发展的摇篮。因此，一些以今日头条为主战场的头条号开始考虑从微信公众平台引流。如将头条号相关内容投放到想要传播的平台，用户在阅读其推送的内容时，极有可能受到其内容的吸引而关注头条号，如图5-10所示。

2. 资讯平台

如今，提供社会资讯的平台越来越多，如一点号、搜狐号和腾讯内容开放平台等，都是普遍受到人们喜爱的资讯平台。下面以一点号为例介绍它是如何引流的。

一点号是由一点网聚科技有限公司推出的一款为兴趣而生，有机融合搜索和个性化推荐技术的兴趣引擎软件。它本身拥有庞大的用户量，这为成功引流到头条号打下了坚实的用户基础。

图 5-10　某微信公众号内容中的用户引流

头条号运营者可以在与自身账号相关的领域发布内容，一点号能让内容被那些有需求的读者关注到，而这些读者恰恰是头条号的目标用户群体，他们可能想了解更多内容而去关注头条号。因此，实现用户引流将变得相对容易。

5.9　活动引流——通过活动提高关注度

要想让用户活跃起来，开展活动是一种比较有效的方式。说到活动，大多数人的脑海里就会出现诸多与之相关的词汇，一般来说，只要是活动，就会在促进用户活跃度上有一定的影响，只是这种影响有大有小而已。

而我们在运营过程中一般会选择那些能极大活跃用户的方法，下面简单介绍几种人们常见的促活用户的活动。

（1）促销类活动：利用打折、满减等方式促活用户，提升销售额。

（2）热点类活动：利用热点来提升搜索度和关注度，以此促活用户。

（3）节假日类活动：利用节假日等时间节点来提升关注，让用户活跃起来。

（4）签到式活动：通过日常的签到行为，使用户经常活跃在平台上。

（5）积分、优惠券活动：利用唾手可得的利益点设置，刺激用户活跃和消费。

5.10 激励机制——激励用户以增加黏性

除了活动外，企业和商家制定用户激励机制也是一种必要的促活用户的技巧。这些技巧一般包括物质、精神等方法。

1. 物质

物质既可以指具体实体的物质，也可以指虚拟的物质，利用不同形式的物质进行用户促活，是众多企业和商家选择的方式，其具体分析如图 5-11 所示。

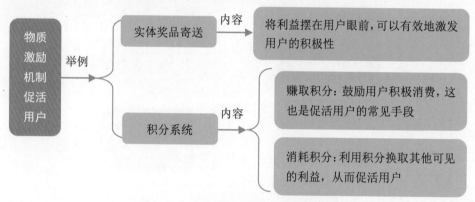

图 5-11 物质激励机制促活用户分析

2. 精神

相较于物质激励机制促活用户而言，精神激励机制所耗费的成本明显更少，它更多的是从满足用户的心理需求出发，用让人感到自豪、获得荣誉的方式来激励用户和促活用户，其影响明显更持久。

就如人们常说的勋章，一般来说，在现实生活中，只有作出巨大贡献和取得一定成就的人才能获得，其所代表的是荣誉和地位，人人想要获得勋章，这在现实生活中是不可能实现的。基于这一点，一些平台用颁发的虚拟勋章来激励用户关注，并让其积极地活跃在平台上。

又如，无论是排行榜还是特权，都是用户积极活跃并持续有着某种活跃行为才会出现的，是从精神上激励用户的两种主要方式，具体分析如下。

（1）假如用户根本不去关注平台，对平台建设没有任何助力，那么其在排行榜上的位置必然是靠后的，自然也就丧失了"特权"。因此，他们急于表现，会经常关注平台和参与平台活动。

（2）对于那些在排行榜上靠前和拥有了特权的用户而言，他们有一种优越感，自然也就激励他们更多地活跃在平台上。

3. 功能

用户作为个体的人，是具有好奇心理的。而平台功能的开发和升级能带动用户活跃，具体表现在以下两个方面。

（1）升级的付费功能。在微信公众平台上，关于内容的获取，既有付费阅读，也有免费阅读。假如你原来运营的是免费阅读的账号，在付费和免费两种方式的对比下，一般会认为"免费的都是廉价的，没有价值的"。那么，进行功能升级，形成付费阅读方式之后，可以在平台内容上瞬间提升一个台阶，刷新用户的看法，让用户更愿意去关注平台。

（2）开发的新功能。人们每天都在关注平台账号，而开发出新功能无疑是平台发展过程中的一大进步。此外，对环境变化的把握，也是用户重点关注的事项之一。新功能一经推出，更多的用户是愿意进入平台账号去试一下的，这无疑也是促活用户的有效方式。

第6章

10 种获利手段，成功盈利

很多头条号创作者最初的目的是利用自己的创作才能来获得经济回报，而平台也积极满足创作者的需求，提供了多样化的盈利途径，旨在推动平台发展的同时，提升创作者头条号的价值，进而实现创作者通过盈利获得收益的终极目标。

学前提示

要点展示

- ➤ 获利捷径——通过头条广告盈利
- ➤ 不二之选——开通原创功能盈利
- ➤ 高效盈利——通过品牌广告盈利
- ➤ 掌握技巧——如何通过广告盈利
- ➤ 视频盈利——通过热门视频盈利
- ➤ 多元化盈利——活动加速盈利落地
- ➤ 专栏收费——通过用户付费盈利
- ➤ 出版图书——通过出版方式盈利
- ➤ 电商渠道——通过电商合作盈利
- ➤ 养号卖号——通过账号转让盈利

6.1　获利捷径——通过头条广告盈利

在今日头条平台上，有多种不同的广告方式。基于今日头条平台本身的"头条广告"就是其中一种，且是一种很多头条号创作者都愿意选择投放的广告形式。本节将针对头条广告进行详细介绍。

所谓头条广告，是指由头条系统推广的广告。与自营广告的运营完全不同，头条广告是头条号创作者把广告推广的方式委托给今日头条平台的广告形式，且这种广告形式对头条号没有粉丝和权限的限制，只要完成了头条号的注册，就可以投放头条广告。

1. 如何投放头条广告

今日头条平台基于机器推荐算法，可以对与广告相关的内容进行智能推荐，这样就会将头条广告传播给有需要的用户。虽然这一过程中有头条号平台方参与，但是其广告收益却是属于头条号内容创作者的。

可见，只要创作者的内容吸引了更多用户阅读，那么，头条广告被点击的概率就会更大，从这方面来说，建立在优质内容上的头条广告是获利的重要途径。

而头条号运营者要想通过头条广告获得收益，首先就要进行广告投放。运营者可以通过以下两种方式完成这一操作。

（1）可以在发表图文内容和视频内容时进行设置。图 6-1 所示为发表图文内容时的头条广告投放设置页面。

图 6-1　发表图文内容时的头条广告投放设置页面

（2）可以通过"我的权益"页面的"收益设置"选项进行设置。图 6-2 所示为"收益设置"页面中的头条广告投放设置。

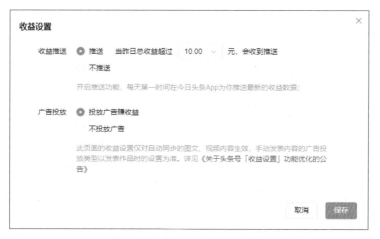

图6-2 "收益设置"页面中的头条广告投放设置

无论哪一种方法，都有两个选项供运营者选择，即不投放广告和投放广告，运营者可根据需要自行选择。

2. 头条广告在哪里显示

设置了头条广告投放后，并不一定会有广告显示，因为只有在机器推荐算法下，系统认为合适的头条号才能显示。图6-3所示为头条广告展示位置。

图6-3 头条广告展示位置

另外，为了不影响用户体验，有时候刷新文章不一定会显示头条广告。而且，对于不同的终端和内容形式而言，头条广告的显示内容并不是完全相同的，主要表现在以下 4 个方面。

（1）PC 端不会显示头条广告。

（2）会在文章类内容下方显示广告。

（3）不会在图集类内容末尾显示广告。

（4）不会在视频类内容页面显示广告。

3. 如何提升收益

设置了头条广告投放的头条号是会获得收益的，但是收益有多有少，这是受多种因素影响的，其中，除了广告主的出价以外，其他影响因素大多可以通过头条号运营来提升，具体分析如下。

1）内容质量

一般来说，内容质量好，阅读量自然就高，头条号获得的广告收益也就会相应提高。而且头条号的内容质量好，那么广告主的出价也会高，广告价格也就随之调整和提升。

例如，一篇头条号图文内容，如果质量好，能轻松获得 10W+ 的阅读量，那么其收益起点就高；如果质量不好，推荐量和阅读量都很低，在这种情况下，头条广告所带来的收益基本上可以忽略。

2）账号分值

在"账号权限"页面，大家可以看到，原有的满分分值是 100 分，这一分值并不是固定不变的，而是受头条号运营行为影响的。如果头条号在运营过程中违反了某一规范，是会被扣分的。

而头条广告收益又与账号分值息息相关，根据今日头条的规定，只要该头条号被扣过分，那么以后其广告收益的计算都会与账号分值有关，具体如下：

$$头条广告收益 = 原始头条广告收益 \times 当天信用系数$$
$$头条广告收益 = 原始头条广告收益 \times （当天分值 \div 100）$$

此外，头条号的广告收益还与其所属分类和历史记录等有关，在此就不逐一介绍了。

从上述内容可以了解到，要想提升头条广告的收益，提升自身的内容质量、规范运营行为是非常关键的，直接影响自身收益，因此在运营过程中要特别注意这些方面。

6.2 不二之选——开通原创功能盈利

"文章原创""视频原创"和"问答原创"是头条号为了鼓励优质原创内容而设

置的功能。如果头条号作者对发布的运营文章添加了原创声明，就能获得很多运营的好处。本节就从申请条件、申请操作和开通权益 3 方面进行介绍。

1. 申请条件

申请"文章原创""视频原创"和"问答原创"需要满足的条件大同小异。以申请"问答原创"需满足的条件为例，具体内容如下。

（1）信用分为 100 分。

（2）今日头条 + 西瓜视频粉丝总数满 100 人。

2. 申请操作

运营者可以进入计算机端头条号后台的"成长指南"→"创作权益"页面，单击"文章原创""视频原创"或"问答原创"按钮，即可申请原创权益。

如果该头条号符合相应原创功能的条件，即可成功地开通原创功能，不符合申请条件的，则不会显示该功能。

3. 开通权益

开通头条号原创功能后，"文章原创""视频原创"和"问答原创"获得的权益也差不多。开通"文章原创"功能的权益有 3 种，具体内容如下。

（1）具有原创标识。

（2）获得更多推荐与分成。

（3）支持站内维权。

6.3 高效盈利——通过品牌广告盈利

品牌广告的含义就是以品牌为中心，为品牌和企业量身定做的专属广告。这种广告形式从品牌自身出发，完全是为了表达企业的品牌文化、理念而服务的，致力于打造更自然、更生动的广告内容。这样的广告盈利更高效，因此其制作费用相对也昂贵。

今日头条 App 上推送了围绕某品牌越野车打造的一则广告，在这则广告中，通过文字的描述和抢眼的优惠价格，凸显了该车的越野性能和性价比，如图 6-4 所示。

凭借这条短小精悍的品牌广告，受众进一步了解了这一汽车品牌的优势，有助于品牌盈利。而与其他形式的广告方式相比，其针对性更强，受众的指向性也更加明确。

图6-4　围绕某越野车打造的品牌广告

6.4　掌握技巧——如何通过广告盈利

今日头条平台在品牌推广和实现盈利方面起了很大的积极作用，然而运营者也要认识到，仅仅依靠今日头条这个平台及其广告投放还远远不够，在具体的广告投放操作中，运营者不仅需要完成一定的广告投放操作，而且需要掌握一定的技巧，让广告投放效果得到进一步提高。本节就来为大家介绍广告盈利的相关技巧。

1. 沉浸式广告体验

在今日头条的广告中，往往需要营造一个自然呈现的场景，这样才能让用户产生沉浸感，才能让用户更自然、更容易地接收广告信息。今日头条广告的投放场景设置，可以从以下两个层面来考虑。

（1）今日头条平台固有的易接收场景。今日头条在成为一个广告投放平台之前，首先是一个个性化的资讯分发平台，这样的场景，提供给用户一个主动点击阅读的机会，这样更便于用户接收广告信息。并且这样的广告投放，往往比被动地接收效果更佳。

（2）广告本身所营造的场景。今日头条广告利用其标题设置和广告文案来营造一种吸引用户点击的场景，这样的广告投放设置，用户在点击阅读后不会产生反感，有时甚至会受到其内容的强烈吸引。

2. 精准推送

在今日头条平台上，利用大数据对平台用户进行用户画像构建，可以细分出220 万个兴趣标签，这些兴趣标签主要是基于以下 5 个方面进行划分的。

（1）如性别、年龄、地域、受教育水平和职业等用户固定特征。

（2）如兴趣爱好、使用 App、网站、品牌偏好等用户兴趣特征。

（3）如生活习惯、婚恋、社交渠道、宗教信仰等用户社会特征。

（4）如收入水平、消费水平、商品种类和频次等用户消费特征。

（5）如当下时间和需求、周边商户、周围人群等用户动态特征。

在这 5 个方面进行细分的用户兴趣标签下，每一个用户都关联着众多用户标签。而一个品牌及其产品，也是关联着众多与之相对应的用户标签，把这些标签与用户结合起来，就形成了该品牌和产品的目标消费群体。这样关联起来的品牌和用户，往往是非常精准的。

今日头条平台通过广告把用户与品牌之间的关系打通，而要想在这一过程中获得更高效的广告运营效果，就可以对与品牌关联的目标用户群体进行优选，并设置与广告内容相匹配的用户兴趣关键词条，这样就能把广告信息精准地分发到各个今日头条频道下，从而精准地触达该品牌的优选用户。

3. 紧跟热点

宣传若不涉及热点，则似乎缺失了关键要素，其效果也会显著降低。广告宣传与投放同样遵循此理。

因此，今日头条平台的广告在有可能的情况下，最好在内容方面，从文案到素材，都抓住时代的热点，把它融入广告宣传中。图 6-5 所示为一则融入了热点"智能算法"的今日头条广告文案。

图 6-5　今日头条广告的热点植入

4. 强强联合

对于今日头条平台而言，个性化资源是其固有的特性，在这一优势的基础上，如果其广告投放进一步结合受大众欢迎的明星效应，便构成了强强联合的广告投放设置。这自然也是实现广告多维覆盖的有效手段。

实现"明星效应＋个性化资源"强强联合的广告投放，主要从以下4个方面促进广告效果的提升。

（1）明星效应。借助用户对代言人的青睐来提升品牌好感度，形成广告带给人的第一拨视觉冲击，吸引用户点击。

（2）个性化推荐。利用头条平台上流量最大的推荐频道，来实现广告投放的广泛覆盖，扩大传播范围。

（3）借助娱乐和社会频道投放。娱乐频道是很多用户喜欢的频道，而明星作为娱乐频道的主体对象，把他们植入广告中，可以借助其触及更多的人群。

（4）通过广告品牌对应频道。与品牌对应的频道，往往有着更精准的目标用户，能吸引感兴趣的用户点击阅读。

在"明星效应＋个性化资源"强强联合下的广告投放，基本上都实现了4个维度的投放覆盖，可以在更宽广的范围内实现广告的宣传和推广。

此外，品牌和产品总是与其他频道有一定的关联，这样实现更多维度的组合覆盖也就顺理成章了。

6.5 视频盈利——通过热门视频盈利

对于短视频的创作者而言，资金是吸引他们的最好手段，平台补贴则是诱惑力的源泉。作为魅力无限的短视频盈利模式，平台补贴自然受到了不少内容创作者的关注，同时平台接口也成为大家的重点关注对象。本节介绍视频盈利的方法。

1. 视频补贴获利

自各大互联网巨头进军短视频领域以来，各大平台便陆续推出了各种不同的补贴策略，今日头条也不例外。

平台补贴既是平台吸引内容创作者的一种手段，同时也是内容创作者获利的有效渠道。对于平台而言，可以通过比较诱人的平台补贴吸引内容创作者在平台上生产内容，从而吸引用户；对于创作者而言，可以把自己生产的内容发表到平台上，然后以此为基础获取平台的补贴。

头条号平台的短视频补贴主要分为两种形式：一种是根据内容创作者贡献的流量，按照每月结算的形式直接发放现金；另一种是提供平台内流量的金额，内容创作者可以借此推广自己的内容，通过巧妙的途径发放补贴。

在这样的平台补贴策略的保护下，部分短视频创作者能够满足盈利的基本需求。如果内容足够优质，而且细分得比较到位，那么盈利的效果会更显著，可获取更惊人的平台补贴。

那么，在借助平台补贴进行盈利时，内容创作者应该注意哪些问题呢？主要有两点：一是不能把平台补贴作为主要的赚钱手段，因为它本质上只起到基础的保障作用；二是跟上平台补贴的脚步，因为平台的补贴是不断变化的，所以短视频创作者顺势而为是最好的选择。

2. 视频接口合作

在视频接口合作中，主要涉及 3 方，即西瓜视频平台、第三方合作伙伴和头条号，它们的关系具体如下。

（1）西瓜视频设计已实行了一种更便捷的资源接入方式：JSON（JavaScript Object Notation，JS 键值对数据）接口推送下载，且西瓜视频会持续地从接口中拉取内容，这是为第三方合作伙伴把资源接入西瓜视频而服务的。

（2）第三方合作伙伴借助 JSON 接口推送下载的资源接入方式，把大量的视频资源更加方便、快捷地接入西瓜视频，这样可以在丰富视频资源的基础上吸引更多用户，获得更多点击量。

（3）头条号账号借助第三方合作伙伴的指导和帮助，可以更快捷地获得自营广告或头条广告的权限，而第三方合作伙伴通过这一过程获取头条号账号支付的开通权限收益。在这种情况下，头条号账号也可以通过广告获利。

可以看出，无论是第三方合作伙伴还是头条号账号，都是可以获得收益的。而在这种接入合作中，头条号账号可以凭借其丰富的视频资源，在今日头条平台的大流量支持下获得高阅读量，从而获取视频收益。

总的来说，今日头条西瓜视频频道的视频收益主要包括两个方面，即粉丝收益和非粉丝收益，而这两者的总和再减去信用惩罚，即为视频的总收益。

6.6　多元化盈利——活动加速盈利落地

在今日头条平台上，头条号创作者不仅可以凭借自身的优质内容和推广广告获利，而且为了促进平台的发展和吸引更多的用户、创作者入驻，平台还提供了许多创作活动，创作者可以参与，进而获取相应的奖金。图 6-6 所示为"创作活动"页面。

在该页面中，头条号创作者可以通过选择不同的体裁类型、垂直领域来快速搜索自己感兴趣的创作活动，单击"垂直领域"栏最右侧的"展开"按钮，即可查看全部活动的垂直领域，如图 6-7 所示。

图 6-6 "创作活动"页面

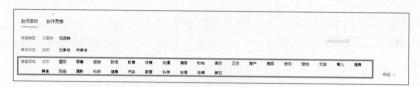

图 6-7 全部活动的垂直领域

6.7 专栏收费——通过用户付费盈利

在今日头条上，创作者可以通过专栏收费实现盈利，这是一种很常见的内容获利形式。图 6-8 所示为头条号"手机摄影构图大全"的付费专栏内容。

图 6-8 头条号的付费专栏内容

图 6-9 所示为付费专栏中的单篇付费内容。

图 6-9 付费专栏中的单篇付费内容

6.8 出版图书——通过出版方式盈利

图书出版付费，主要是指头条号在某一领域或行业经过一段时间的经营，拥有了一定的影响力或者具备一定经验之后，将自己的经验进行总结，然后进行图书出版以获得收益的盈利模式。

头条号原创作者采用出版图书这种方式去盈利，只要平台运营者本身有基础与实力，那么收益还是很可观的。

例如，头条号"手机摄影构图大全"采取这种方式获利，效果就比较可观。图 6-10 所示为头条号"手机摄影构图大全"主页的橱窗。

图 6-10 头条号"手机摄影构图大全"主页的橱窗

6.9 电商渠道——通过电商合作盈利

在头条号后台主页的"我的收益"页面可以看到,在"收益概览"下方的 4 栏中,最后一栏中有"淘宝佣金 / 精选联盟佣金 / 京东佣金"一项,如图 6-11 所示。可见,头条号其实是可以凭借电商推广形式(淘宝客)获利的。

图 6-11 头条号的"淘宝佣金"收益方式

那么,何为淘宝客?实际上,那些协助商家销售商品并从中获得商家支付的一定比例佣金的人,即为淘宝客。同时,淘宝客也可以指按照成交量来计费的一种推广方式。

在淘宝客这一推广方式中,有推广平台、卖家、淘客和买家 4 个角色,在今日头条平台上,头条号承担的就相当于淘客这一角色,因此,在这里把头条号的这一获利方式称为淘宝客获利。

在这一过程中,头条号把能支付佣金的卖家的产品链接到自己推送的内容中,并推广出去。当消费者通过头条号的链接来关注这一产品并获得成交后,此时头条号即可通过卖家所提供的佣金获利。

6.10 养号卖号——通过账号转让获利

在生活中,无论是线上还是线下,都是有转让费存在的。所谓转让费,即一个线上商铺的经营者或一个线下商铺的经营者,向下一个经营者转让经营权时所获得的转让费用。

随着时代的发展,逐渐有了账号转让的概念。同样,账号转让也是需要接收者向转让者支付一定费用的,最终使账号转让成为获利的方式之一。

而对今日头条平台而言,头条号是基于优质内容发展起来的,因此,在这里把头条号账号转让获利归为原创内容盈利的方式。

如今,互联网上关于账号转让的信息非常多,在这些信息中,有意向的账号接收者一定要慎重对待,不能轻信,且一定要到正规网站上进行操作,否则很容易上当受骗。

第7章

10 种入门方法，玩转快手小视频

学前提示

随着 5G 移动网络的普及，短视频应用迅速发展，其中快手便成为火遍大江南北的佼佼者。对于快手的运营者而言，如何有效地运营快手短视频账号，是一个亟待解决的问题。

要点展示

- ➤ 产品定位——清楚快手的前世今生
- ➤ 推送机制——了解快手的算法原理
- ➤ 前期准备——熟悉和利用快手功能
- ➤ 自我包装——找准自己的人物设定
- ➤ 内容定位——确定自己的内容
- ➤ 选好时间——选准时间段发布作品
- ➤ 遵守条例——保持良好的快手账号记录
- ➤ 了解用户——掌握快手的用户数据
- ➤ 加强互动——加强粉丝与内容互动
- ➤ 质量至上——打造优质原创视频

7.1　产品定位——清楚快手的前世今生

要想真正了解一个人，首先必须明确其所处的时代背景及其经历，正如《孟子》中所说："颂其诗，读其书，不知其人，可乎？是以论其世也。"我们要想真正了解快手，还得先了解快手的前世今生。

1. 快手前世

2011 年的时候，快手还叫"GIF（Graphics Interchange Format，图像互换格式）快手"，只是一款制作和分享 GIF 动态图的工具。2013 年 7 月，"GIF 快手"从工具类应用转型为短视频类应用，改名"快手"，这一名称沿用至今。

因为快手是最早扎根于短视频分享的 App，一时风头无两。那时候，与快手平分半壁江山的抖音还未创建，美拍与小咖秀这些短视频平台还在一二线城市抢占市场，而快手创始人却走上了一条不同寻常的道路，挖掘下沉市场，将"快手"这个产品贴近三四线城市的草根。图 7-1 所示为快手宣传图。

图 7-1　快手宣传图

2. 快手今生

2016 年，一篇名为"残酷底层物语，一个视频软件的中国农村"的文章在网络走红，文章中不仅披露了快手存在低俗、猎奇内容，还指出了城乡二元对立的局面。2018 年快手又遭央视点名批评，随后其创始人发文"接受批评，重整前行"进行道歉，并对快手进行改革，加入了很多正能量内容。至此，快手正式迈入了 2.0 时代。

2018 年，快手推出"快手营销平台"，以社交为中心，整合了快接单、快享计划、快手小店等内容和功能。而为了摆脱扁平化现状和加速商业化进程，各大电商开始造节，阿里造"双十一"，京东造"618"，苏宁造"818"……在这种情形下，2018 年 11 月 6 日，快手推出首届电商节，至此快手完成了商业化布局，正式开启了商业盈利的旅程。

3. 快手的产品定位

虽然同为短视频应用，但是快手和抖音的定位完全不同。抖音的火爆靠的是马太效应——强者恒强，弱者恒弱。也就是说，在抖音上本身流量就大的网红和明星可以通过官方支持获得更多的流量和曝光，而对于普通用户而言，获得推荐和上热门的机会就少得多。

快手的创始人之一宿华曾表示："我就想做一个普通人都能平等记录的好产品。"这一思想正是快手这个产品的核心逻辑。抖音靠的是流量为王，快手是即使损失一部分流量，也要让用户获得平等推荐的机会。

正因为这个核心逻辑，快手才会那么火，那么受底层民众的喜爱。

7.2　推送机制——了解快手的算法原理

快手的定位既然是平民化，那么它和抖音的流量化推送机制肯定不一样。本节就来介绍快手的推送机制。

1. 热搜榜单

打开快手，点击右侧栏的查找按钮，往下滑动界面，即可看到快手的热搜榜单，包括"快手热榜""搜索飙升""热门人物""直播榜""购物榜"和"品牌榜"。图 7-2 所示为"快手热榜"和"直播榜"的部分内容。

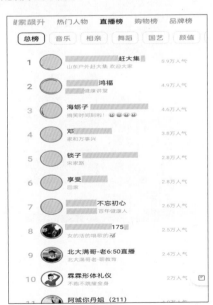

图 7-2　"快手热榜"和"直播榜"的部分内容

2. 主界面

直接打开快手 App，即可发现它的核心功能：关注、发现、同城、直播和生活。下面从算法逻辑的角度介绍关注、发现和同城这 3 个核心功能。

（1）关注。

快手"关注"页会直观地展示你所关注的朋友，而且系统会默认把关注者推送给你。

（2）发现。

打开快手 App 后会发现，快手默认的主页就是"发现"，但它采用的是双列 Feed（用来接收该信息来源更新的接口）瀑布流的方式，用户可以很直观地预览算法推荐的视频封面，从而自由地选择想要观看的视频。

抖音恰恰相反，它采用的是上下翻页的方式，视频强制推荐并播放给用户，因而用户无法全局预览推荐的内容，只能不断地滑动来跳过不感兴趣的视频内容。图 7-3 所示为快手与抖音主页的区别。

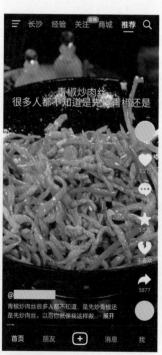

图 7-3　快手与抖音主页的区别

（3）同城。

"同城"页指的就是显示同一区域附近的人发布的视频与直播的页面。因此，想要提高自己发布的视频的曝光量，发视频时建议用户定位在人流量比较大的地方，比如定位在热门商圈、社区和大学附近。

7.3 前期准备——熟悉和利用快手功能

运营者熟悉快手的主要功能及其发挥出的作用，有利于日后的运营及其引流、盈利工作的展开。

和抖音直接停留在视频界面不同，快手视频缩略图大量运用了文字色块。通过双列 Feed 瀑布流形式吸引用户，可提高点击量。因此，运营者要选择视频里最抓人眼球的画面作为缩略图。

7.4 自我包装——找准自己的人物设定

从 2023 年 7—8 月的快手 MCN 机构月度榜单中可以看出，这些达人账号大多采用的是自己机构或公司的名字，或者直接使用能够让用户一看便能记住的、可以体现自己特色的名字，如图 7-4 所示。

图 7-4　快手 MCN 机构月度榜单的部分内容

因此，快手账号的人设包装可从以下几方面着手。

（1）简介。"简介"一词的基本含义是"简单介绍"，因此个人描述应力求短小精悍，突出要点，并尽可能在几行文字内展示个人特色，如图 7-5 所示。

（2）头像。机构账号建议采用公司 Logo，如图 7-6 所示；个人账号最好使用本人艺术照。

（3）头图。最好与头像风格统一，文字排版切忌太密集。

（4）账号名称。最好能够体现自己的特色，容易让人记住，不要包含生僻字和过多的特殊字符。

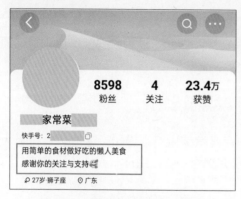

图 7-5　某快手账号的个人简介

图 7-6　采用公司 Logo 作头像示例

7.5　内容定位——确定自己的内容

从内容消费角度来说，快手的核心包括两项，即内容和人。

1. 内容

到目前为止，机器的 OCR（Optical Character Recognition，光学字符识别）技术虽然可以识别和读取图片，但是并不准确。换句话说，快手单纯靠算法来读取视频内容，以判断它将来是否受欢迎，这种方法至少目前还不现实。

因此，快手的算法是模糊性读取并将视频分成很多类，然后推送给部分快手用户。接着，快手会接收到来自点赞、评论区等多个角度的反馈，算法根据分析反馈，进一步扩大了视频的传播度。如果该视频传播度足够大，那么算法会随机挑选一些视频放入快手的"发现"页面。

图 7-7 所示为某用户的"发现"页面。该用户经常看美食类的相关视频，因此快手算法自动在其"发现"页面推荐美食的相关视频。

2. 人

不仅人与人之间需要时间来相互熟悉，连机器也需要时间来了解一个人。在你刚注册快手时，快手算法会结合用户观看行为和内容，推荐更多类似的视频。当然，一个用户拥有的特征越多，算法推荐的视频结果就越精准。从这个层面来说，快手算法需要积累大量的用户记录和行为习惯，以建立算法模型，为用户实现精准推荐。

图 7-7 某用户的"发现"页面

7.6 选好时间——选准时间段发布作品

要想在快手平台做营销，就要合理地抓住用户刷快手的时间，这样才能在关键时刻发挥视频的作用。以下为发布快手视频的最佳时间。

1. 7:00—9:00

7:00—9:00 正好是快手用户起床、吃早餐的时候，有的用户正在上班的路上，这时大家喜欢拿起手机刷刷快手之类的短视频软件。作为快手运营者，应该敏锐地抓住这个黄金时段，发布一些关于正能量的视频或说说，给快手"老铁"们传递正能量，让大家一天的好精神从阳光心态开始，这样做最容易让大家记住你。

2. 12:30—13:30

12:30—13:30 正是大家吃饭、休闲的时间，上午工作了半天，有些疲倦，这时候大家都想看一些放松、搞笑、充满趣味性的内容，为单调的工作增添一些色彩。

3. 17:30—18:30

17:30—18:30 的时间段正是大家下班的高峰期,这时候大家正在回家的路上,用手机刷快手的"老铁"们特别多,一天的疲惫心情需要通过手机来排解压力,此时快手运营者可以好好抓住这个时间段,发布一些与自己产品相关的内容,或者发布一些引流的视频。

4. 20:30—22:30

20:30—22:30 的时间段,大多数人吃完饭了,有的躺在沙发上看电视,有的躺在床上休息,这时候大家的心情是比较恬静的,睡前刷快手短视频可能已经成为某些年轻人的生活习惯。因此,快手运营者在这时选择发一些情感类的内容,最容易打动你的粉丝。

7.7 遵守条例——保持良好的快手账号记录

快手曾经因出现低俗色情内容而遭到整改,所以官方积极鼓励作者发布正能量内容,坚决打击违法违纪的内容。因此,要保持你快手账号的良好记录,就不要违反快手官方条例,比如发布色情或者快手禁止内容。本节就来为大家介绍《快手社区管理规定(试行)》中的部分内容。

(1)快手对违法违规行为的界定。依据现行法律法规,包括但不限于《中华人民共和国网络安全法》《互联网信息服务管理办法》《互联网直播服务管理规定》《互联网危险物品信息发布管理规定》及《互联网用户账号名称管理规定》的相关内容,同时坚守《七条底线》的倡议。

(2)不得制作、复制、发布、传播含有以下违法违规内容的信息(部分)。

① 涉及违反《宪法》所确定的基本原则的行为或内容。

② 涉及危害国家安全,泄露国家秘密,颠覆国家政权,破坏国家统一的行为或内容。

③ 涉及损害国家荣誉和利益的行为或内容。

④ 涉及煽动民族仇恨、民族歧视,破坏民族团结的行为或内容。

⑤ 涉及散布谣言,扰乱社会秩序,破坏社会稳定的行为或内容。

⑥ 涉及展示或传播色情相关内容,如色情自拍偷拍、色情图片和语音文字。

(3)快手对恶意行为的界定。依据现行的法律法规,以维护社会公序良俗,保护快手商业秩序和用户体验为出发点制定。

7.8 了解用户——掌握快手的用户数据

一直以来,快手的月活跃用户数都在稳步增长,2017 年年初,快手月活跃用户突破两亿，居行内第一。截至 2018 年年初，快手短视频月活跃用户遥遥领先，其他短视频软件难以望其项背。

从 2022 年的 CNPP 品牌排行（资料来源：CNPP 前瞻产业研究院）来看，前五位短视频品牌依次为抖音、快手、微信视频号、西瓜视频、抖音火山版，详情如表 7-1 所示。

表 7-1　2022 年短视频行业五大品牌

排　名	品牌简称	品牌指数
1	抖音	91.5
2	快手	90.7
3	微信视频号	90.3
4	西瓜视频	89.0
5	抖音火山版	88.6

而据 2023 年第一季度财报显示，快手短视频的月活跃用户达 6.54 亿，在短视频行业中排名第二，仅次于抖音。

由此可见，快手也是运营者不能忽略的营销平台之一，特别是其用户与抖音用户并不完全重合，有新的流量池可以开发，也能迎来新的发展机遇。

7.9　加强互动——加强粉丝与内容互动

经常使用快手的用户可能会注意到一个问题：快手视频的运营者通常不在评论区进行互动。

不管是偏向秀场的抖音，还是偏向生活记录的快手，用户都是希望被尊重的。如果快手运营者秉持这个理念，并将这个理念贯彻到位，用心去回复评论，可以增强用户的黏性，提高带货能力。

图 7-8 所示为某快手视频的评论区。可以看到，运营者只在评论区点赞，而不在评论区互动，这样很难让用户成为该账号的粉丝。

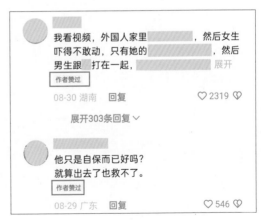

图 7-8　某快手视频的评论区

7.10　质量至上——打造优质原创视频

在运营快手时，如果能够生产出足够优质的内容，也可以快速吸引到用户的目光。快手运营者可以通过为受众持续性地生产高价值的内容，从而在用户心中建立权威，加强他们对你的信任度和忠诚度。快手运营者在生产内容时，可以运用以下技巧，轻松地打造优质内容。

（1）做自己真正喜欢和感兴趣的领域。

（2）做更垂直、更差异化的内容，避免同质化内容。

（3）多看热门推荐的内容，多思考并总结它们的亮点。

（4）尽量做原创的内容，最好不要直接搬运。

第 8 章

10 个引流秘诀，成为快手达人

学前提示

　　快手短视频自媒体已经成为发展的大趋势，其影响力日益壮大，平台用户数量也在持续增长。

　　对于快手这个拥有庞大流量的平台，快手运营者不会忽略其重要性。那么，快手运营者应该怎么在快手平台有效地进行引流呢？本章主要介绍 10 个引流秘诀，旨在帮助大家成为快手达人。

要点展示

- ➢ 基础引流——通过原创视频吸粉
- ➢ 画龙点睛——通过封面与文字吸粉
- ➢ 官方渠道——作品推广助力引流
- ➢ 制造话题——通过挑战赛标签涨粉
- ➢ 矩阵账号——快速获取稳定流量
- ➢ 互推引流——实现共赢的引流方法
- ➢ 外部引流——通过腾讯平台来引流
- ➢ 直播引流——通过快手直播引流
- ➢ 内容造势——通过造势来获得流量
- ➢ 注意事项——值得注意的引流误区

8.1 基础引流——通过原创视频吸粉

对于快手运营者而言，如果自己有能力和技术制作短视频，最好是制作原创短视频进行引流。除了把制作好的原创短视频发布到快手平台上外，快手运营者还可以同时在账号信息展示里进行引流，如昵称、头像、个人简介等位置，都可以留下微信号、电话等联系方式，如图 8-1 所示。值得注意的是，相关信息里不要直接使用"微信"二字，可以用同音字或者符号代替。

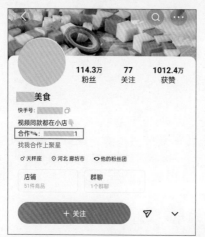

图 8-1 在账号信息展示里引流

快手上的年轻用户偏爱有创意且有趣的内容，具体来说，视频可以是正经严肃的剧情，但结尾来个大反转，出人意料；也可以是某些电影、电视的精彩片段，内容可以是情感类的，也可以是搞笑类的；可以分享生活中的一些冷知识，或者是独门绝技；还可以分享教程、美妆技巧等。短视频的内容应多样化，不拘一格。运营者制作原创短视频内容时，记住这些原则，可以让自己的快手作品获得更多推荐。

8.2 画龙点睛——通过封面与文字吸粉

一篇好的文章，如果拥有一个好的标题，则能起到画龙点睛的作用，从而吸引读者阅读。

同理，一个快手短视频也是如此，在众多眼花缭乱的快手短视频中，用户刷新列表之后停留的时间只有短短几秒。在这短短几秒的时间里，运营者想要将自己的视频剧情、推广等信息传达给用户，就必须使用色彩鲜艳、制作精美的封面或者标题文字。图 8-2 所示为精美的短视频封面示例。

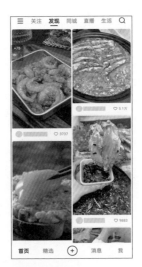

图 8-2　精美的短视频封面示例

当然，封面和标题也不能太过于浮夸，失去生活本真，最好不要使用"看完这个视频，14 亿中国人都惊呆了"这种空洞的标题。

8.3　官方渠道——作品推广助力引流

运营者打开快手的"设置"界面，下拉至底部，选择"快手粉条"选项，如图 8-3 所示，在打开的界面中即可进行作品推广。

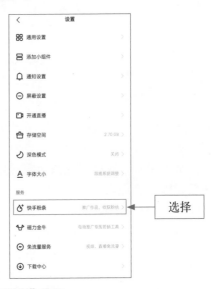

图 8-3　选择"快手粉条"选项

这是官方给运营者提供的一个引流接口，需要一定的成本。通过这个付费接口，可以将运营者的视频作品和小店作品推广给更多人，从而给账号带来更多粉丝量和播放量。从图8-4中可以看到，官方的引流推广服务种类非常丰富，运营者在选择相应的推广服务后支付相关费用即可。

图8-4 "快手粉条"界面

8.4 制造话题——通过挑战赛标签涨粉

挑战性聚流，这种方式抖音和快手都有，它最大的作用是开发商业化产品。快手平台通过这一运营逻辑，实现了品牌最大化的营销诉求。图8-5所示为快手"挑战榜"的部分内容。

从数据来看，这种引流营销模式是非常有效的。参加快手挑战赛需要注意的规则主要有以下3点。

（1）在挑战赛中，快手运营者越少露出品牌，越贴近日常挑战内容的话题文案，播放量越可观。

（2）对于快手运营者而言，首发视频可模仿性越容易，全民的参与度就会越高，这样就能更轻松地引流。

（3）参加快手挑战赛，快手的信息流能够为品牌方提供更多的曝光机会，带来更多流量。此外，通过流量可以实现积累粉丝、沉淀粉丝以及更容易被用户接受等一些附加价值。

图8-5 快手"挑战榜"的部分内容

8.5 矩阵账号——快速获取稳定流量

快手矩阵是指通过同时运营不同的账号，来打造一个稳定的粉丝流量池。道理很简单，将自己的内容进行分类，把同一风格、不同内容的视频组建成不同的账号，通过账号之间的互动来达到引流吸粉的目的，如图8-6所示。

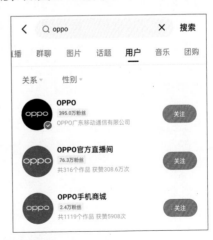

图8-6 矩阵账号示例

不可否认，构建快手矩阵具有众多优势，以下是其五项主要益处。

（1）展现品牌：可以全方位地展现品牌特点，扩大影响力。

（2）内部引流：可以形成链式传播进行内部引流，大幅度提升粉丝数量。

（3）团队管理高效、便捷：通过矩阵账号，高效的分工合作策略，提高团队运营、管理和激励的效率。

（4）宣传激励和扶持：主账号可以根据其他账号及其作品表现，打通粉丝头条和 DSP（Demand-Side Platform，需求方平台）投放，挑选优秀内容进行定向扶持。

（5）广告投放：可以完善账号广告投放链接，相互影响，加速视频广告的传播。

8.6 互推引流——实现共赢的引流方法

通过爆款大号互推的方法，即快手账号之间进行互推，也就是两个或者两个以上的快手运营者，双方或者多方之间达成协议，进行粉丝互推，以达到共赢的目的。

相信大家在很多快手账号中，曾见到过某一个快手账号会专门拍一个视频给一个或者好几个快手账号进行推广的情况，这种推广就是快手账号互推。这两个或者多个快手账号的运营者会约定好有偿或者无偿地为对方进行推广，这一方式见效很快。

运营者在采用快手账号互推吸粉引流时，需要注意，寻找的互推快手账号平台类型尽量不要与自己的平台是一个类型的，因为运营者之间会存在一定的竞争关系。

两个互推的快手账号之间以存在互补为最好。例如，你的快手账号是卖健身用品的，那么选择互推方时，首先考虑找那些推送健身教程的快手账号，这样获得的粉丝才是有价值的。

快手账号之间互推是一种快速涨粉的方法，它能够帮助运营者的快手账号在短时间内获得大量粉丝，效果十分可观。

8.7 外部引流——通过腾讯平台来引流

跨平台引流最重要的因素就是各种社交平台，除了微博外，微信、QQ 平台都拥有大量的用户群体，是快手引流不能错过的平台。本节介绍微信和 QQ 的引流方法。

1. 微信引流

腾讯 2018 年一季度数据显示，微信及 WeChat 的合并月活跃账户达到 10.4亿，已实现对国内移动互联网用户的大面积覆盖，成为国内最大的移动流量平台之一。下面介绍使用微信为快手引流的具体方法。

（1）朋友圈引流。用户可以在朋友圈中发布快手上的短视频作品，吸引朋友圈好友关注。注意，朋友圈只能发布 10 秒以内的视频，而快手的短视频通常在 15 秒以上，所以发布时需要对其进行剪辑，尽量保留内容中的关键部分。

（2）微信群引流。通过微信群发布自己的快手作品，其他群用户点击视频后，可以直接查看内容，增加视频的曝光率。注意，发布的时间应尽量与快手同步，也就是说，发布完快手的短视频后马上分享到微信群，但次数不能太频繁。

（3）公众号引流。公众号也可以定期发布快手短视频，将公众号中的粉丝引流到快手平台上，从而提高快手号的曝光率。

2. QQ 引流

作为最早的网络通信平台之一，QQ 凭借其丰富的资源深厚的底蕴以及庞大的用户基础，成为抖音运营者必须重视并加以巩固的引流关键领域。

（1）QQ 签名引流。用户可以自由编辑或修改"签名"的内容，在其中引导QQ 好友关注快手账号。

（2）QQ 头像和昵称引流。QQ 头像和昵称是 QQ 号的首要流量入口，用户可以将其设置为快手的头像和昵称，以增加快手账号的曝光率。

（3）QQ 空间引流。QQ 空间是快手运营者可以充分利用起来进行引流的一个好地方，用户可以在此发布快手短视频作品。注意，QQ 空间权限要设置为所有人都可访问，如果不想有垃圾评论，可以开启评论审核。

（4）QQ 群引流。用户可以多创建和多加入一些与快手号相关的 QQ 群，多与群友进行交流和互动，让他们对你产生信任感，然后再发布快手作品来引流就会水到渠成。

（5）QQ 兴趣部落引流。QQ 兴趣部落是一个基于兴趣的公开主题社区，能帮助用户获得更加精准的流量。用户可以关注 QQ 兴趣部落中的同行业达人，多评论他们的热门帖子；也可以在其中添加自己快手号的相关信息，以便收集到更加精准的受众。

8.8 直播引流——通过快手直播引流

在互联网商业时代，流量是所有商业项目生存的根本，谁可以用最少的时间成本获得更多、更有价值的流量，谁就有更多的盈利机会。

真人出镜的要求比较高，首先你需要克服心理压力，表情要自然和谐，同时最好有超高的颜值或才艺基础。因此，真人出镜通常适合一些"大 V"打造真人 IP，积累一定粉丝数量后，就可以通过接广告、代言来实现 IP 盈利了。

对于普通人，在通过短视频或直播引流时，也可以采用"无人物出镜"的内容方式。这种方式的粉丝增长速度虽然比较慢，但可以通过账号矩阵的方式来弥补，以量取胜。下面介绍"无人物出镜"的 3 种直播玩法。

1. 真实场景 + 字幕说明

发布的短视频可以通过真实场景演示和字幕说明相结合的形式，将自己的观点全面地表达出来。这种拍摄方式可以有效避免人物的出现，同时又能将内容完全展示出来，非常接地气，自然能够得到大家的关注和点赞。

2. 图片 + 字幕（配音）

发布的视频内容都是一些关于抖音、微信、微博营销的专业知识，很多短视频作品都是采用"图片 + 字幕（配音）"的内容形式。

3. 图片演示 + 音频直播

通过"图片演示 + 音频直播"的内容形式，可以与用户实时地互动交流。用户可以在上下班途中、休息间隙、睡前、地铁上、公交车上、厕所里，一边玩 App，一边观看分享，不但节约了宝贵的时间，也带来了更好的体验。

8.9 内容造势——通过造势来获得流量

虽然一个企业或个人在平台上的力量有限，但这并不能否定其内容的传播影响力。要想让目标群体全方位地通过内容了解产品，比较常用的方式就是为内容造势。本节为大家介绍内容造势的方法。

1. 传播轰动信息

运营者给受众传递轰动、爆炸式的信息，借助公众人物来为平台账号造势，兼具轰动性和颠覆性，立刻能够成功地吸引受众的注意力。

在当前媒体内容泛滥的时代，要想从众多新颖的视频内容中脱颖而出，需要制造引人注目的焦点，采用出人意料的方式吸引观众的注意。

2. 总结性的内容

扣住"十大"就是典型的总结性内容之一。所谓扣住"十大"，就是指在标题中加入"10 大""十大"之类的词语，如《电影中五个自带 BGM 出场的男人》《2023 年十大好电影推荐》等。这种视频标题类型的主要特点就是传播范围广，在网站上容易被转载，从而产生一定的影响力。

3. 自制条件造势

除了可以借势外，在推广内容时还可以采用自我造势的方式，来吸引更多的关注，从而获得更大的影响力。运营推广任何内容，都需要具备两个基础条件，即足够多的粉丝数量和与粉丝之间拥有较为紧密的关系。

运营者只要紧紧地扣住这两点，通过各种活动为自己造势，增加自己的曝光度，就可以获得更多的粉丝。为了与这些粉丝保持密切关系，运营者可以通过各种平台发布更多内容，还可以策划一些线下的活动，通过自我造势带来轰动，引发观众围观。

总的来说，自我造势能够让消费者清晰地识别产品，唤起他们对产品的联想并进行消费，可见其对内容运营推广的重要性。

8.10 注意事项——值得注意的引流误区

引流是实现盈利的关键步骤，缺乏流量意味着难以吸引购买者。因此，在引流过程中，有些人频繁尝试各种方法，有些人剑走偏锋，甚至还有些人不择手段。那么，在引流过程中应该避开哪些常见的误区呢？本节将为大家介绍引流中的注意事项。

1. 盲目跟风

有些人是看当下什么火，什么可以大量吸粉，就跟着做什么内容，完全不考虑自己是否擅长这类内容，也不考虑自己的账号设定是否适合发布这类内容。

小米的创始人曾说："站在风口，猪都会飞。"但是，猪能够飞起来，肯定是有准备的。同理，快手运营者不应该盲目跟风，而是要有所准备。

2. 软件刷粉

快手所用的软件采用的是智能算法，使用第三方软件刷粉或者刷播放量，是利用快手的漏洞，刷出来的粉丝都是僵尸粉，对于引流来说没有意义，甚至会降低粉丝活跃度，给自己的账号带来不利影响。如果快手监测到你恶意刷粉，还会将你列入黑名单，所以这种做法得不偿失。

第 9 章

10 种盈利策略，成为快手大赢家

学前
提示

在快手平台上，运营者不仅需要提供优质的内容，还需要通过盈利来实现其价值。无论内容质量如何，都需要利用广告投放、直播、知识付费等方法来实现收益，这些方法也有助于吸引更多快手用户关注。

要点
展示

➤ 广告植入——通过广告盈利

➤ 最具潜力——通过视频内容盈利

➤ 快手小店——通过电商盈利

➤ 热门盈利——通过直播盈利

➤ 知识付费——通过卖课程盈利

➤ 图书盈利——通过出版盈利

➤ 精准盈利——通过流量盈利

➤ 品牌盈利——利用品牌效应盈利

➤ 体现价值——通过 IP 盈利

➤ 传统盈利——通过线下导流盈利

9.1 广告植入——通过广告盈利

快手短视频之所以能够如此火爆，是由于其拥有强大的社交传播能力和广告带货能力。而快手这两个能力的大小，又是由自身的平台基因和用户状态决定的，如果用户在快手上是放松、随机和无意识的状态，则非常容易被动地接受广告主的植入信息。本节介绍通过广告盈利的方法。

1. 创意产品

快手运营者想拍出一个具有广告带货能力的短视频，需要掌握一些拍摄技巧，将广告巧妙地植入，让用户愿意看完这个短视频。

如果产品本身具有趣味、创意或自带话题性，那么无须采用间接手段，可以直接利用快手平台展示产品的神奇功能。

图 9-1 所示为一款操作简单的面条机。在该视频中，用户只需要将面粉和水按照一定比例倒入机器中，机器即可自动吐出面条。

图 9-1 操作简单的面条机

总的来说，如果产品已经做得很有创意并且功能新颖，也方便随时进行展示，则可以在快手上通过直接展示做营销推广。

这种营销方法非常适合推广一些用法独特的商品，比如给厌食的宝宝做好玩饭团的工具、手机壳和自拍杆融为一体的"聚会神器"、会跳舞的太阳花等，都是由一个视频引发出的爆款，让产品成为畅销品。

很多新品上市的时候都有自己的卖点，要想传达某一产品的特色，可通过快手上各具独特风格的达人，把新品的卖点充分展现出来。

2. 放大优势

对于一些功能没有太多亮点的产品该怎么办呢？可以就产品的某个或某几个独有的特征，尝试用夸张的方式呈现，便于受众记忆。

其原理与上一小节介绍的方法基本相同，都是展示产品本身，其不同之处在于："展示神奇功能"只是简单地展示该功能本身的神奇之处，而"放大优势"则是在已有功能的基础上进行创意表现。

例如，市面上新出了一个智能戒指，为了宣传这个智能戒指的优势，发布了一个很神奇的视频——它支持 iOS 和安卓系统，使用钛合金打造，具有出色的防水功能，可以检测体质数据，使用蓝牙技术，可随时与手机同步，如图 9-2 所示。

图 9-2　用夸张的手法展现产品的特色

整个短视频的宣传采用了一种"夸张"的表现手法，旨在让观众感受到智能戒指的神奇之处，视频的目的在于激发观众对智能戒指的好奇心，促使他们想要深入了解，并产生深厚的兴趣。

9.2　最具潜力——通过视频内容盈利

归根结底，流量只是平台的辅助，内容才是核心。不管是现实生活中的人际交往，还是网上平台的社交，只有满足了对方的需求，才有可能获得满意的社交结果。以快手平台为例，只有知道用户想要从短视频中看到什么内容，知道用户的需求，才能制作出让用户喜欢的短视频，从而达到盈利的目的。本节介绍视频盈利的方法。

1. 知识干货

随着短视频行业的快速发展和市场环境的不断变化，一些类型的短视频可能在受用户欢迎的程度上出现波动。然而，对用户来说，具有实用性的干货类短视频内容不仅不会消失，还有可能越来越受重视。随着时间的推移和内容的系统化积累，这些账号有可能逐渐发展成为有影响力的短视频品牌。

其实，相对于纯粹用于欣赏的短视频而言，干货类短视频有着更宽广的传播渠道。一般来说，凡是欣赏类的短视频可以推广和传播的途径，干货类短视频也可以推广和传播，但是有些干货类短视频可以推广和传播的途径却不适用于欣赏类短视频。

2. 热门内容

短视频如果想吸引庞大的流量进行盈利，就应该有效地借助热点来打造话题，紧跟潮流。这样做的好处有以下两点。

（1）话题性强。充满话题性的短视频更能吸引观众，从而引发热议，传播范围更广。

（2）能上热搜。当下热点可以帮助短视频上热搜，在搜索过程中就能带来巨大的流量。

而且，热点还包括不同的类型，涵盖了社会生活的方方面面，比如社会上发生的具有影响力的事件，或者是有意义的节日、比赛等，一些娱乐新闻或者电影、电视剧的发布也是热点。

9.3 快手小店——通过电商盈利

快手可以在广告中插入链接，通过视频内容营销，吸引粉丝点击，并直接跳转到快手小店页面。用户可以直接下单购买相应的产品或服务，一站式地完成店铺的引流和转化，如图9-3所示。

这种卖货玩法的操作比较简单，只需进入"设置"页面，选择"快手小店"选项，按照标准程序开通一个快手小店，即可在信息流中推广自己店铺的产品，如图9-4所示。在这个过程中，快手平台会收取5%的服务费，在顾客确认收货后，服务费由平台代扣。

当然，开通快手小店还有一些基本要求，包括拥有企业营业执照、商标证书或授权、淘宝企业店、拼多多网店或者天猫店等网店渠道。

图 9-3　链接广告

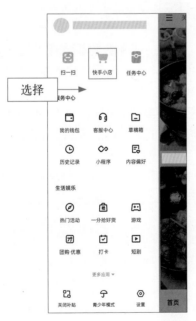

图 9-4　快手小店

9.4　热门盈利——通过直播盈利

在当今互联网时代，主播这个行业吸引了不少人加入，由于其门槛低、盈利快，又没有固定的工作时间，很多人开始入驻各种 App 进行直播盈利。在快手上，有许多专业团队包装和运营的职业主播，也不乏跃跃欲试、缺少经验的快手运营者。

那么，对于这些直播新玩家而言，他们又应该通过哪些方式在这个竞争激烈的行业占有一席之地，获取流量并盈利呢？本节进行详细介绍。

1. 粉丝打赏

大多数直播只是一种娱乐，在很多人看来就是在玩。然而，必须承认的是，只要主播的能力强，玩着玩着就能把钱赚了。因为主播们可以通过直播获得粉丝的打赏，而打赏的这些虚拟礼物可以直接兑换成钱。

2. 直播带货

快手直播的带货能力是非常强的，它的用户构成和抖音不同：抖音用户偏一二线城市人群，经济条件好，追求品质；快手用户大多是三四线城市的青年，相对来说更注重价格。

9.5　知识付费——通过卖课程盈利

随着经济的不断发展、法律的不断完善，以及人们版权意识的不断提高，中国开始进入全民知识付费时代，快手卖课程屡见不鲜。加之当代年轻人生活节奏加快，面临较大的生活压力和繁忙的工作，很难抽出时间去学习。

然而，在这个飞速发展的时代，如果年轻人不学习并积累知识，他们就跟不上时代的步伐，会被时代抛弃。因此，线上学习开始成为他们的常态。图 9-5 所示为快手上某个卖课程的账号。

但是，卖课程不是人人都能做的，它有一定的门槛。对于一个想做快手课程的运营者来说，首先要做的就是整体规划，包括具体做哪一类课程、课程讲哪些内容、课程采用哪种风格等。

此外，他们还需要具备以下 3 种能力。

（1）作为一个卖课的快手运营者，首先要会讲课，能把深奥的内容讲得通俗易懂、把枯燥无味的内容讲得生动风趣。

（2）具有专业能力。运营团队要在某个领域很出色，甚至是其中的翘楚，要让用户买完课程后觉得钱花得值，成为回头客和粉丝。

（3）最好具有一定的名声，除了本身就可以带动一部分流量外，还能让用户慕名而来。

图 9-5　快手某个卖课程的账号

9.6　图书盈利——通过出版盈利

图书出版盈利，指的是一段时间后，快手运营者在某一领域或行业拥有了一定的影响力，或者有了一些经验，决定总结和回顾自己的经历与成功经验，出版图书，以此达到盈利目的的盈利模式。

首先，短视频原创作者采用出版图书的方式获利；其次，当图书畅销之后，可以通过售卖版权来盈利，版权可以用来拍电影、电视剧或者网络剧等，这些收入相当可观。对于那些成熟的短视频团队，作品拥有了较大的影响力，即可进行版权盈利。

9.7　精准盈利——通过流量盈利

粉丝认为你的内容对他有价值，就愿意为内容付费，因此精准流量在盈利过程中不可或缺。"快手 + 微信"就是线上精准流量盈利的最佳方式，用户可以将自己的快手粉丝引流至个人微信号、微信公众号、微信小店、微信商城以及微信小程序等渠道，从而让流量更好地盈利，如图 9-6 所示。

图 9-6　某些快手达人的个人简介引流

9.8　品牌盈利——利用品牌效应盈利

品牌能够借助火爆的短视频内容吸引粉丝，从而达到流量与价值的双重盈利。超级 IP 与品牌通过短视频将双方紧密结合，是快手盈利的一个新渠道。本节介绍品牌盈利的方法。

1. 快手和超级 IP 的共性

快手可以为品牌带来大量的流量，同样，品牌也具备这个能力。在互联网中创业，流量是最重要的"武器"，没有流量就难以赢得市场，没有消费者就不会有收益。可以说，现在就是一个"粉丝时代"，拥有流量的品牌或 IP 才能真正做好、做大。

2. 做好品牌

根据快手的基础用户画像报告，快手用户的男女比例基本持平，年龄大部分在 35 岁以下，整体学历不高，最高学历为高中，而且大部分用户来自二线城市以下，更多的是三四线城市的人群。

从快手用户群体可以看出，存在明显的圈层，因此品牌如果想要扩散到更广泛的人群，必须在内容上下功夫，此时定位就相当重要了。

9.9　体现价值——通过 IP 盈利

快手短视频如果无法盈利，就像"做好事不留名"。在商业市场中，这种事情基本上不会发生，因为盈利是商人最本质的特征，同时也能体现商人的价值。

在生活中，无论是线上还是线下，都有转让费存在。随着时代的发展，逐渐出现了账号转让的现象。同样，账号转让也是需要接收者向转让者支付一定费用的，最终使账号转让成为盈利的方式之一。

而对快手等短视频平台而言，快手号更多的是基于粉丝发展起来的，因而在这里把账号转让获利归为通过粉丝盈利的方式。如今，互联网上关于账号转让的信息非常多，在这些信息中，有意向的账号接收者一定要慎重对待，不能轻信，并且一定要到正规的平台上进行操作，否则很容易上当受骗。

9.10 传统盈利——通过线下导流盈利

在快手中，凡是某些企业想做线下流量带动产品销量的，都称为线下精准流量。随着越来越多的短视频平台横空出世，短视频的花样也在不断翻新，本来是以娱乐为主的短视频软件，被越来越多的人用来营销推广。图9-7所示为某快手账号在视频播放界面标出实体店地址，为线下导流。

图9-7 某快手账号为线下导流

第10章

10 种营销方法，让运营事半功倍

学前提示

随着移动互联网的广泛普及，人们获得信息和知识的速度达到前所未有的水平，网络上新事物的出现既快速又持续，人们的注意力很容易被新的事物所吸引。

因此，对公众号运营者来说，吸粉拉新、升级盈利等任务很重要，同时公众号的营销工作也不容忽视。

要点展示

- ➤ 了解用户——构建公众号用户画像
- ➤ 图文数据——了解图文的推广效果
- ➤ 数据整合——推给用户想要的内容
- ➤ 4 招秘技——如何提高文章点赞量
- ➤ 决胜千里——创作优质文章内容
- ➤ 排版有术——提高文章品质的秘技
- ➤ 必备技巧——优化公众号搜索排名
- ➤ 张弛有度——把握文章推送时间
- ➤ 善于沟通——通过交流来激活用户
- ➤ 换位思考——从用户角度思考问题

10.1　了解用户——构建公众号用户画像

在运营微信公众号的时候，要构建用户画像，从而进一步了解用户。微信公众号本身就是一款成型的产品，但运营者在提升用户量、创作内容、推广产品、搞活动等一系列准备工作的时候，要搞清楚现有用户的特征以及目标用户的特征。

这里所说的构建用户画像，顾名思义，就是为用户贴标签，将用户虚拟化，并且找到其外部及内在所具备的特征。

这里主要向运营者们介绍怎样通过以下 3 个方面准确判定用户画像以及目标用户。

（1）用户静态特征。

（2）用户动态行为。

（3）用户需求频次。

例如，关于摄影修图的公众号——手机摄影构图大全。图 10-1 所示为"手机摄影构图大全"公众号为用户推送的图文消息。

如果有用户关注了"手机摄影构图大全"公众号，并且每天都很频繁地翻看图文消息，那么就从 3 个方面分析此类用户画像，结果如下。

（1）用户静态特征："80 后"到"90 后"，大多数是女性。

（2）用户动态行为：喜欢摄影、修图。

（3）用户需求频次：高频次。

这样便简单地构建出用户画像：高频次喜欢摄影、修图的女性。

再如，关于游戏方面的公众号——独立鱼电影。图 10-2 所示为"独立鱼电影"公众号为用户推送的图文消息。

如果有用户关注了"独立鱼电影"公众号，而且每天都在查看相关的推送消息，就可以从 3 个方面分析此类用户画像，具体如下。

（1）用户静态特征："90 后"，大多数是男性。

（2）用户动态行为：喜欢看电影、电视，关注影视资讯。

（3）用户需求频次：每天。

用户画像：每天喜欢关注电影、电视，喜欢影视资讯的男性。

需要说明的是，用户画像是可以进行调整的，不过调整之后会筛掉大部分老用户，这一点运营者要引起注意。

图 10-1　"手机摄影构图大全"公众号
推送的图文消息

图 10-2　"独立鱼电影"公众号
推送的图文消息

10.2　图文数据——了解图文的推广效果

　　图文消息是微信公众平台的根本，没有内容，就没有粉丝，也就没有微信公众号的运营。然而，有了内容，没有数据分析，也是无济于事的。因此，微信后台为运营者推出了图文数据分析模块，帮助运营者对图文消息进行科学、系统地分析。本节分析图文数据的相关内容。

1. 单篇图文数据

　　微信运营者进入微信公众平台后，点击"图文分析"按钮就能进入单篇图文统计页面。"单篇图文"仅能统计 7 天内的图文数据，因此在设置自定义时间时，所选日期跨度不能超过 6 天，否则就无法进行查看。运营者可以查看的内容包括文章标题、时间、送达人数、图文页阅读人数、分享人数和操作等。

　　除了送达人数、图文阅读人数和分享人数外，运营者还可以查看原图文页阅读人数和转发人数这两项数据。运营者点击"数据概况"按钮，就能进入数据概况页面，该页面有针对性地对每一篇图文消息进行了数据分析。但是在进行数据分析之前，运营者必须搞懂以上几项数据的含义和关系，下面笔者将这几项数据的分析总结如下。

（1）送达人数：表示公众平台的图文消息到达了多少用户的手中。

（2）图文页阅读人数：表示点击进入图文消息页面的用户有多少。

（3）原文页阅读人数：表示点击"阅读原文"按钮的用户有多少，这说明用户对该文章是否进行了深层次阅读。

（4）收藏人数：如果对一篇文章进行收藏，说明该用户对其非常喜爱。

从送达人数到图文页阅读人数，到原文页阅读人数，到转发人数，再到收藏人数，体现出来的传播效率和传播深度是越来越广、越来越深的。因此，微信平台的运营者要通过这几项数据进行系统的分析，而不是只看其中某一项数据。

2. 全部图文之"日报"

在微信后台的"图文分析"功能里，有一个"全部图文"按钮。点击"全部图文"按钮，就能进入全部图文分析页面，在这个页面中主要展示了以时间段来划分的图文信息的综合情况。

在"日报"中，能够得到"昨日关键指标"中的数据。从各关键指标中可以看出，昨日图文信息的相关数据包括图文页阅读次数、原文页阅读次数、分享转发次数和微信收藏人数。

同时，在各指标的下面还有以"日""周""月"为单位的百分比对比数据，让微信运营者知道这些数据与一天前、七天前和一个月前的百分比变化情况。在"昨日关键指标"下方，是图文总阅读的阅读来源分析，以及原文页阅读、分享转发和微信收藏3个数据的变化趋势。

3. 全部图文之"小时报"

图文的"小时报"是为了让微信运营者了解每小时图文页的阅读人数和次数。与全部图文的"日报"不同，它没有"昨日关键指标"。而其他各种数据与"日报"一样，如图文页阅读的阅读来源分析、原文页阅读、分享转发和微信收藏的变化趋势，以及各个渠道"图文页阅读"的人数和次数的变化趋势。

根据数据抽样方式，微信运营者可以分析出最合适的发布时间，那么如何进行抽样呢？就是随机抽取几天时间，然后分析在这几天里不同时间点的数据情况，主要包括分析用户阅读次数和收藏次数等数据。抽样时可以多抽几组，以避免出现特殊情况而导致的结果不准确。

10.3 数据整合——推给用户想要的内容

对运营者来说，用户发送的消息是了解用户意图及其需求的重要途径。因此，对微信公众平台后台提供的消息数据与菜单数据进行分析，可以在了解用户需求的基础上找到更准确的运营方向。本节介绍消息数据和菜单数据的相关内容。

1. 消息数据

消息数据分析包括"小时报""日报""周报"和"月报"功能。相较于其他功能，"月报"功能更能呈现出数据的相关长期信息。其主要数据包括"关键指标详解""消息发送次数分布图"和"详细数据"这3大内容，"月报"主要用于判断微信用户是否具有长期的积极性。

除了查看"消息发送人数"趋势图外，还可以切换到"消息发送次数""人均发送次数"选项，查看相应指标趋势图；"消息发送次数分布图"表明某个时间段发现消息的用户和占比情况；在查看"详细数据"数据表时，可使每个月的消息数据一目了然。

2. 菜单数据

菜单是对平台推送的内容进行模块划分的入口，了解用户对各菜单的点击量，可进一步帮助运营者洞悉用户需求。

进入微信公众号后台的"菜单分析"页面，通过"昨日关键指标"列出的3列，即可得知"菜单点击次数""菜单点击人数"和"人均点击次数"，展示了菜单数据及其发展趋势。

在"昨日关键指标"下会显示上面提到的3项数据的每日数据，运营者可以非常清晰地对比出究竟哪一个菜单才是用户点击量最多、最受用户喜欢和需要的，而哪一个菜单又是用户点击量少甚至可以忽略的。基于此，运营者可以在推送内容时对点击量较多的菜单加以倾斜，推送更多的内容；而对于那些点击量少的甚至没有点击量的菜单，可以少推送内容，抑或干脆删除这一菜单，对菜单重新进行调整。

10.4 4招秘技——如何提高文章点赞量

在微信平台中，一篇高点赞量的文章虽然不一定百分之百是深度好文，但至少高点赞代表这篇文章的内容确实有可取之处，能得到很多人的喜爱，而不是单纯的"标题党"。而微信用户通常也会比较喜欢这些高点赞量文章。

运营者要想提高公众号文章的点赞率，可以充分利用以下4个技巧。

1. 情绪

微信平台中的高点赞、高转发文章通常都有一个共同的特点，就是极具情绪感染力，高点赞公众号文章通常一开始就会鲜明地表达某种观点或立场，以便迎合目标读者的情绪需求。这一点通常在标题上便会表现出来，如图10-3所示。

图 10-3　情绪化的标题

2. 价值

公众号内容运营者要想提高公众号文章的点赞率，最关键的一点便是提升公众号文章的价值。公众号文章的价值可从以下两方面有效地体现出来。

（1）需求价值。微信用户阅读公众号文章都是有一定内在需求的，若需求是休闲消遣的微信用户，就会喜欢看搞笑幽默类的文章；若需求是了解社会时事的用户，就会更喜欢看新闻报道类的文章。

因此，公众号文章一定要提供能够满足目标读者群体需求的有价值的内容，这样读者在阅读完文章后才会主动点赞。

（2）传播价值。微信用户热衷于分享，他们经常会将喜欢的内容分享给具有相同兴趣或可能有需求的微信好友。公众号内容运营者可以利用这一点，提升文章的传播价值，让文章更容易被点赞者传播分享出去，阅读到文章的人多了，点赞的人也会相应增多。

3. 逻辑

高点赞量的公众号文章总是逻辑严密，不会出现前后内容矛盾，句子结构清晰合理，这些都要求公众号内容运营者有较高的写作水平。

不过对新手公众号内容运营者来说，多使用逻辑连词便是增强文章逻辑性的一种简单技巧，在公众号文章中的句子或者段落的首部和中部加上诸如"因为……所以……""虽然……但是……""不仅……而且……"等逻辑连词，可以使原本平淡的内容看上去逻辑性更强。

4. 氛围

大部分微信用户是没有顺手点赞习惯的，点赞意味着主动示好。然而，每个人潜意识里有一分自我矜持，希望自己的主动示好能得到他人的认可和回应。

因此不少人在看到一篇自己喜欢的公众号文章时，通常不是用点赞来表达喜爱之情，而是通过在文章下留言来表达赞赏和喜爱之情，因为这样既可以得到作者的回复作为主动示好的回应，也可以因为其他具有相同观点的读者对留言点赞来获得认可，以满足自己潜意识中矜持的自尊心。

这时候就需要运营者在文章中营造一种点赞的氛围来激励读者主动为文章点赞。常见的营造点赞氛围的方法有以下 3 种。

（1）文末求赞。既然大多数读者因为潜意识里的自我矜持不愿意主动点赞，那么公众号内容运营者便可以主动向读者求赞，以此来卸下读者的心理包袱。

运营者在文章末尾主动向读者求赞是一种非常常见，也是很有效果的营造点赞氛围的方法，在公众号文章的末尾经常可以看到，如图 10-4 所示。

图 10-4　文章末尾的主动求赞信息

（2）标题引导。在公众号文章标题中加入主动向读者求赞的信息，或是加入引导读者点赞的信息，也是一种常见的营造点赞氛围的方法。标题中主动向读者求赞的信息通常是以"请"字开头，以表现诚恳。

但要说明的是，标题是公众号文章吸引读者的重要部分，在标题中加入主动求赞信息可能会让标题的吸引力下降，因此需慎用。

文章标题中为引导读者点赞一般会用"怒赞""点赞"等提示性信息，如图 10-5 所示。

图 10-5 引导点赞标题

（3）留言提醒。在公众号文章末尾的"点赞"按钮下就是留言区，在留言区也可以营造点赞氛围。读者在留言区的评论在默认情况下是根据点赞数量的多少进行排序的，留言评论的点赞数越多，其在评论区的排序就越靠前，点赞数最多的留言评论将会被置顶。

但是公众号的运营者可以利用权限将某一条评论人工置顶。如果有忠实粉丝在留言评论中提醒其他读者点赞，运营者就可以将该条留言评论人工置顶。而读者的留言评论点赞提醒，要比运营者的求赞信息更有说服力，更容易被广大读者接受；如果提醒点赞的留言评论来自文章中提及的某一领域的意见领袖，那么点赞氛围将会更加浓厚。

10.5　决胜千里——创作优质文章内容

在文章写作和布局过程中，为了让文章内容更具有吸引力，公众号内容运营者需要掌握一些技巧。本节介绍一些重要的表现技巧，帮助你的文章在激烈的竞争中脱颖而出。

1. 塑造独特的表达风格

恰当的表达风格，能给公众号内容运营者的粉丝带来优质的阅读体验。以定位为传播搞笑内容为主的运营者为例，其语言风格就必须诙谐幽默，并配上一些具有搞笑效果的图片。

另外，从文章的感召力方面而言，基于同类人之间的人格感召力打造的独特个性风格，无疑是吸引有着相同性格特征的人的重要力量。比如，对生活充满自信和希望的人总是乐意与乐观的人相处，而不乐意同时刻伤春悲秋和怯懦的人交谈。

2. 营造文章的场景

公众号内容运营者在创作文章时，并不只是将文字堆砌成一篇文章就了事，而是需要将平淡的文字拼凑成一篇带有画面感的文章，让读者能一边读文字，一边想象出一个与生活息息相关的场景。

3. 用连载增加关注

人们在阅读时，总是趋向于寻找同一类型或主题的文章，力图全方位了解有关该类型和主题的知识。因此，在文章的正文写作上，可从这方面入手，着力打造一些经典的、具有代表性的专题，以迎合读者的阅读兴趣和习惯。

连载的发文方式常见于小说类和历史类的公众号文章。因为这类文章整体篇幅过长，以连载的方式发文，既能保障运营者有足够的时间写作与修改，又可以通过连载聚集一大批固定的读者。

4. 借热点提升人气

公众号内容运营者要有敏锐的嗅觉，能够扣住最新热点，成为以热点获利的幸运儿。多找一些热门关键词，但一定要抓住时机，不要等热点冷却了一段时间才发布文章，那没有用，没有几个人愿意阅读过时的信息。

因此，在利用热门、头条事件编写文章时，应该从以下3个方面着手。

（1）寻找合适的热点撰写文章。

（2）紧跟新闻事件，获得访问量。

（3）保持新闻敏感性，富有创意。

5. 提供有价值的内容

对于微信平台来说，它之所以受到读者的关注，就是因为读者从该平台上可以获取他想要的信息。这些信息必须是具有价值的干货内容，而人云亦云、东拼西凑的文章带给读者的只有厌烦情绪。

因此，在公众号内容运营中，运营者一定要保证推送的内容是具有价值的专业性的干货内容，读者从中能够学到一些具有实用性和技巧性的生活常识及操作技巧，从而帮助读者解决平时遇到的一些疑问和难题。

基于这一点，也决定了运营者在内容运营方面必须是专业的，其内容是接地气的，带来的是实实在在的经验积累。

10.6 排版有术——提高文章品质的秘技

在微信公众号平台上，运营者如果要进行内容运营，就需要对文章栏目和内容进行排版优化，以便于读者阅读和接受。本节介绍排版的方法及其带来的好处。

1. 设置分类栏目

运营者了解一些栏目设置的要求是非常有必要的。

在微信公众号平台上，设置分类栏目的目的在于清晰、全面地呈现内容。所谓清晰，即公众号内容运营者要确保读者在看到栏目名称的时候，就可分辨出该栏目的主要内容是什么，所要寻找的内容在哪一个栏目中可以快速找到。

以"手机摄影构图大全"公众号平台的栏目设置为例，读者如果想要查看直播教程，就可以点击"微课教程"主栏目，然后再选择"京东直播"或者"千聊微课"，以直播形式观看构图技巧讲解，如图 10-6 所示。

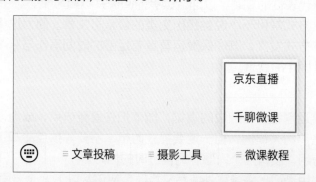

图10-6 在"手机摄影构图大全"公众号平台上查找直播教程内容

同时，公众号内容运营者在设置微信公众号平台自定义菜单栏的版式时，要注意全面性。

所谓全面，即栏目的分类和取名要全面，既要保证平台运营的内容全面呈现，能够在栏目的分类中可以全部找到；又要保证其栏目名称的设置具有概括性和全面性，不能出现让其中某些内容在所有栏目下都无法有序查找的情况。

这些栏目版式的设置，都为平台文章成为爆文奠定了基础。

2. 排版有利于读者浏览

对于栏目设置而言，从艺术性和视觉上来说，必须与视觉习惯相吻合；而从实际操作上来说，栏目设置的重点在于方便读者浏览。

关于栏目设置方便读者浏览的要求，具体有以下 3 个方面的特征。

（1）简洁性。平台界面简洁是方便用户查看的基本要求。在微信平台上，栏目的设置非常简单，特别是在微信公众号平台上，一般的自定义菜单栏由 3 个栏目组成。

　　如果在主栏目下还有其他分类内容，为了使界面简洁，其子栏目一般进行了隐藏设置，用户只要点击主栏目即可弹出子栏目。

　　（2）人性化。具有人性化特征的栏目设置，其主要体现为用户可以根据自己的习惯和兴趣设置令自己满意的界面，这一特征在 App 平台上体现得尤为明显。

　　（3）有序性。在微信、App 和小程序上，无论是主栏目还是子栏目，都是按照一定的顺序进行排列的，而不是杂乱无章地呈现出来。图 10-7 所示为"手机摄影构图大全"小程序的界面设置。

 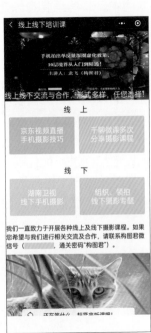

图 10-7　"手机摄影构图大全"小程序的界面设置

　　可以看出，整个界面设置得十分有序，浏览起来非常方便，让用户一目了然。

3. 排版有助于吸粉引流

　　公众号内容运营者在微信平台上运营，其最终目的是商业盈利。商业盈利的前提是要有足够的粉丝量，因此吸粉是版式设置的重要目的之一。为了实现这一目的，平台运营者不仅可以在文章内容上提供干货和进行设置，还应积极地通过平台的栏目设置进行平台互动，以便最大限度地获取读者关注。

　　在微信公众平台的后台处，还提供了自动回复功能。公众号运营者可以通过这一功能与自定义菜单结合，引导读者浏览信息，提升平台主动性和用户体验，最终实现吸粉引流的目的，为文章成为爆文打下基础。

10.7　必备技巧——优化公众号搜索排名

影响微信公众号搜索排名的因素有很多，不同类型、不同领域的公众号有其不同的影响因素。运营者了解了影响自己微信公众号搜索排名的因素后，还需要从微信的搜索入口分析，找出能够优化公众号搜索排名的方法。下面进行具体分析和介绍。

1.　微信入口优化

在移动互联网中，微信运营者想要通过优化入口的方式提高搜索排名，首先需要了解微信有哪些能够优化的移动入口。微信上能够优化的入口主要包括搜狗搜索入口、微信搜索入口和平台收录入口。

2.　具体优化操作

知道能够优化的入口后，运营者就可以进行具体的优化操作了，下面进行具体介绍和分析。

（1）搜狗搜索入口。微信优化搜狗搜索入口主要是优化搜狗微信搜索入口，那么运营者在该入口应如何进行优化呢？搜狗搜索平台的内容收录主要按"关键词匹配"的方式，从标题和内容上进行选取和匹配。

（2）微信搜索入口。微信搜索入口的内容目前有 4 个，如图 10-8 所示。

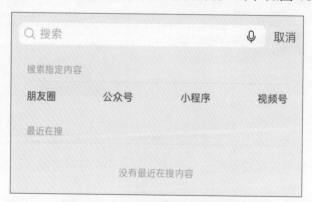

图 10-8　微信搜索的 4 个内容入口

根据关键词匹配进行搜索排序，影响微信搜索排名的因素有很多，建议运营者从最根本的优化入口入手。

① 朋友圈：抓住生活中热点关键词优化朋友圈搜索入口。

② 公众号：抓住领域中热点关键词优化公众号搜索入口。

③ 小程序：抓住娱乐影视关键词优化小程序搜索入口。

④ 视频号：抓住领域中热点关键词优化视频号搜索入口。

（3）平台收录入口。平台收录入口的优化主要是指运营者将自己的公众号文章发表在其他平台上，以接入更多入口，扩大自己文章的传播广度和深度。一般来说，微信运营者除了在微信、微博推广文章之外，还常用新媒体平台来推广文章或公众号，比如今日头条、一点资讯、简书、贴吧等新媒体平台。

10.8　张弛有度——把握文章推送时间

当把微信推送的内容编辑好之后，微信运营者就要进行发布了。掌握好发布时的注意事项，能够为平台带来更多的粉丝流量。本节介绍平台内容群发时的一些注意事项。

1. 把握正确的文章推送时间

编辑好微信内容之后，运营者面临的下一个难题就是在什么时候发送微信比较合适，哪个时间点的被阅读率最高，等等。

众所周知，用户在收取订阅号信息的时候，会有这样一个规则，就是在微信公众平台中，后面发送的信息显示在先发送的信息前面，也就是说，在订阅号中的显示顺序和信息发送时间成反向的，即谁最后更新，谁就排在最前面。因此，选择合适的发送时间对于微信运营者来说是一件非常重要的事。

那么推送文章的具体时间怎么确定呢？

通常运营者推送信息，有 3 个比较好的时间点。

（1）早上 8 点左右。新的一天开始，人们的大脑得到了充足的休息，对信息的需求量也相对较大，这是运营者推送信息的黄金时段。

（2）中午 11 点半到 12 点半。这段时间大家一般进入吃饭、午休的时段，玩手机微信的概率大大增加，运营者可以把握这个时间段进行信息推送。

（3）晚上 8 点到 9 点。这个时间是晚上的黄金时段，工作了一天，大家进入放松时刻，通常是在看电视或者散步，比较容易接受推送的文章。

2. 推送时间的技巧

接下来介绍微信内容推送时间的技巧。

（1）分析数据。分析数据是为了成功地把握粉丝活动的时间，利用合适的时间进行微信内容的推送，效果往往会事半功倍。

（2）因人而异。对不同的营销对象，运营者要采取不同的推送时间。

（3）定时推送。对于一个想要塑造品牌形象的运营者而言，在保证微信内容质量的同时，最好形成定时推送的习惯，这样能使用户避开那些骚扰信息，定时地去翻看运营者的微信。

（4）紧跟动态。运营者必须随时关注社会动态，当遇上重大政治时事、社会新闻时，可以根据具体情况改变推送微信的时间。

10.9　善于沟通——通过交流来激活用户

在当今互联网环境下，最有价值的莫过于流量了，流量成为衡量网络平台或自媒体价值的一项重要指标。这个指标不仅指注册用户人数或者会员用户人数，还指活跃用户数量。

何谓活跃用户数量？对于网络平台来说，就是指频繁使用平台的用户；对于自媒体来说，就是经常看推送的信息并乐于互动的关注者。

微信带有很强的社交属性，因此微信公众号运营者可以比较轻松地在微信中与粉丝进行社交互动，以此来激发粉丝的活跃度。

在微信中，运营者与粉丝进行互动，最简单、最基础的形式就是文字沟通。本节介绍一些运营公众号时与粉丝进行文字沟通的技巧和方法。

1. 后台消息自动回复

在微信公众平台中，"自动回复"功能是一个非常好的功能，运营者可以充分利用起来。通常，自动回复功能有 3 种模式，分别是被关注回复、收到消息回复和关键词回复。

2. 后台关键词自动回复

对于任何一个想要做好微信公众号的运营者来说，设置好关键词回复都是必不可少的环节。关键词回复的作用是当用户输入关键词的时候，就会触发自动回复功能，让用户能够及时了解自己想要了解的信息。

到目前为止，关键词回复的开发空间超乎人们的预料，通过自定义关键词回复接口，用户可以利用输入关键词查看最新活动。

此外，很多用户通过自定义回复和微信公众号互动功能，提出了大量的宝贵意见，有的运营者在微信内生成微信贺卡，也有部分运营者已经实现了微信导航。

3. 后台回复消息宣传推广

其实很多公众号运营者都不知道后台消息回复也可以成为一种宣传推广微信公众号的方式。

比如，有很多企业微信公众号，其主要目的是通过宣传自己企业生产的产品来吸引粉丝，从而实现盈利。如果想利用后台消息回复来做好宣传推广，那么设立后台消息回复的内容时需要注意以下几点。

（1）后台回复的消息不宜太长，最好言简意赅。如果回复内容太长，用户可能会看不下去。不管运营者是要宣传还是要推广，首先都应该从用户的角度出发去看待相关问题。

（2）后台回复消息也不能太短，因为在宣传推广自己的微信公众号时，太短了可能导致不能向用户讲清楚自己的微信公众号到底是做什么的。

（3）后台消息最好富有新意，不要像搞推销一样，一股脑地把关于自己公众号的信息都吐出来，然后要求用户必须关注自己的公众号。这样会让用户感到厌烦，起不到宣传推广的效果。

4. 回复网友文章评论留言

文章有人看，自然会有人评论留言，而且每个人思考问题的角度都不一样，对于同一问题的看法和立场也不尽相同。

运营者就是要去回复这些有自己的看法和立场的网友评论留言，其回复留言的过程也就是与网友互动交流的过程。

虽然回复留言比不上彻夜长谈这种详细的交流，但最起码能够知道评论留言的用户是对微信公众号感兴趣的，并且有时还能提出一些建设性的意见。

10.10 换位思考——从用户角度思考问题

微信营销的优势是能够消除人与人之间的距离感，运营者想知道用户的想法，就必须从用户的角度去思考问题。本节介绍换位思考的方法。

1. 搜索习惯

无论是在网站上搜索还是在微信上搜索，用户的搜索习惯始终不会改变。用户搜索习惯是指用户在搜索自己需要的信息时所使用的关键词形式，而对于不同类型的产品，不同的用户会有不同的思考和搜索习惯。这时，运营者应该优先选择那些符合大部分用户搜索习惯的关键词形式。

一般来说，用户在进行搜索时，输入不同的关键词会出现不同的搜索结果。对于同样的内容，如果用户的搜索习惯与公众号所要表达的关键词形式存在差异，那么页面的相关性就会大大降低，甚至会将正确结果排除在搜索结果之外。比如，大部分用户在寻找A页面，而你提供的却是B页面。

因此，运营者在进行关键词设置时，可以通过统计用户在寻找同类产品时所使用的关键词形式，分析用户的搜索习惯，不过这样的关键词只适用于同类产品。

例如，要分析用户在微信文章中的搜索习惯，可以在微信搜索栏中搜索"摄影"，然后切换至"文章"选项卡，这时搜索栏下方会显示出关于摄影的文章内容，如图10-9所示。

图 10-9　在微信搜索栏中搜索"摄影"的结果

从图 10-9 中可以看出，搜索量大的结果显示靠前，这说明其比较符合用户的搜索习惯，如摄影作品欣赏、摄影技巧等。

2. 浏览习惯

美国研究网站的著名设计师发表的"眼球轨迹的研究"报告显示，在阅读网页时，大多数人的眼球都会不由自主地以"F"形状进行扫描阅读，然后形成一种固定的阅读习惯，这使网页的呈现越来越趋向于"F"形。其特点如下。

（1）目光水平移动。首先浏览网页最上部的信息，形成一个水平浏览轨迹。

（2）目光小范围水平向下移。将目光向下移动，扫描比水平移动时短的区域。

（3）目光垂直浏览。将目光沿网页左侧垂直向下扫描，在浏览网页时，垂直浏览的速度会比之前慢，同时比较有系统性和条理性，对寻找最终信息有着至关重要的作用。

运营者知道了大多数人浏览网页的习惯后，就可以沿着这样的眼球浏览轨迹进行关键词设置，以便尽量多地吸引浏览者的目光。

3. 阅读习惯

人们的阅读习惯已经从传统的纸张转向互联网，又从互联网延伸到了移动互联网，尤其是手机 App 和微信公众号的发展，使移动端成为人们阅读的首选。

第 11 章

10 个吸粉秘诀，让粉丝源源不断

学前提示

　　一个公众平台盈利能力在很大程度上取决于粉丝的数量，因此运营者必须吸引足够多的粉丝以提升平台活跃度。本章将向运营者介绍一些常用的吸粉和引流技巧，详细阐述这些方法和过程，帮助公众号运营者的工作更加顺利和高效。

要点展示

- ➤ 引人入胜——通过多样化内容引流
- ➤ 调动用户——利用爆款活动引流
- ➤ 知识付费——利用线上微课吸粉
- ➤ 新型营销——利用二维码吸粉
- ➤ 硬件助力——通过硬件设备引流
- ➤ 朋友圈——通过好友互推引流
- ➤ 征稿大赛——更有效的引流方法
- ➤ 大号互推——建立公众号营销矩阵
- ➤ 点赞转发——利用公众号功能引流
- ➤ 脱颖而出——通过其他平台吸粉

11.1 引人入胜——通过多样化内容引流

众所周知，微信公众号可以展示包括图文、信息、视频、文本等多种格式的内容。无论是传统网络营销，还是现代微信营销，内容的丰富性、有趣性和独特性始终是吸引用户的关键。

在微信公众号运营中，许多运营者已经学会使用 H5（HTML5，Web 核心语言 HTML 的规范）来展示内容，使页面能够多层次、多角度的方式呈现，再结合实用性和个性化定制的功能，可以更有效地吸引粉丝的关注。本节将介绍微信公众号运营中三个利用内容吸引用户的要点。

1. 内容个性化

个性化内容是运营者最难把握的一个要点。因为要打造真正意义上的个性化内容，既没有固定标准，也不容易实现，尤其是在需要持续更新内容的情况下，这是一项艰巨的任务。

在此，我们介绍一个简单易行的方法。运营者可以巧妙地使用表达形式的个性化来代替内容内涵的个性化，即利用图文、长图文、短视频和文字等多种方式来推广，这也是打造具有特色的个性化内容的一种技巧。

2. 内容丰富有趣

丰富有趣的内容意味着微信公众号的内容应具有足够的创新性和吸引力，即使不能确保所有内容都充满创意和新颖性，至少应避免发布的内容过于空洞和乏味。此外，"情感类"的内容也可以归类为丰富有趣的内容，能引发用户情感和心理上的共鸣，对吸引粉丝非常有效。

3. 利益驱动

利益驱动是指公众号主动适应用户需求，发布具有实用性的内容，既可以为用户传授生活常识，也可以为用户提供信息服务。总之，只有当用户能从推广的内容中获得某种形式或某方面的利益时，他们才会成为内容的忠实追随者。

11.2 调动用户——利用爆款活动引流

通过微信公众平台，运营者可以策划一些有趣的活动，以调动用户参与的积极性，从而拉近与用户的距离，并留住用户。

除了发布活动外，运营者还可以通过其他活动策划来加强与用户之间的联系。例如，通过问卷调查了解用户的内在需求，或通过设置专栏与用户进行积极互动。只有当用户参与其中，他们才会对运营者的微信公众平台产生归属感和依赖感。

无论是大品牌还是小品牌，定期为粉丝策划新颖的活动是一种增强粉丝黏性的有效方式。在策划新颖活动时，最重要的是对目标群体和活动目标进行分析，具体内容如下。

（1）企业的目标人群。

（2）目标人群的需求。

（3）吸引目标人群的内容。

（4）活动策划的最终目的。

只有对自己的目标用户和营销目的有专业的、精准的定位分析，才能策划出吸引人的活动方案。而只有当运营者能够策划出吸引人的活动方案时，才能留住用户，提高粉丝黏性。与传统营销活动相比，微信活动的策划不受固定形式的限制，运营者可以采用单一形式，也可以结合多种方式进行策划。

如果微信活动策划得当，还可以实现线上和线下的联动，这不仅加大了宣传力度，也吸引了更多用户的关注和参与。本节将介绍线上和线下活动策划的方法。

1. 线上活动策划

线上活动种类繁多，如抽奖、转盘、转发有礼等。企业和个人微信公众号运营者可以根据自身需求选择合适的方式进行活动策划和运营。

首先，作为活动策划的运营人员，需要更加了解自己的职责，具体内容包括以下几点。

（1）负责方案的策划、沟通及执行。

（2）负责活动的数据整理及效果分析。

（3）负责活动的监测和改进。

（4）负责活动的环节设计和具体落实工作。

（5）能够深入了解用户需求。

（6）能够把握活动风险情况。

对于微信运营者而言，还需要撰写相应的活动方案。通常，一个完整的活动方案包括活动主题、活动对象、活动时间、活动规则、活动礼品设置、活动预期效果以及活动预算。

在活动结束后，微信运营者需要针对活动撰写一份活动报告总结，分析活动的总体效果，找出亮点和需要改进的地方。

2. 线下活动策划

策划和执行线下活动时，运营人员的主要工作内容如下。

（1）负责方案的策划和执行。

（2）负责活动的数据整理及效果分析。

（3）负责活动的监测和改进。

（4）根据活动要求考察活动场地。

（5）与合作方或供应商洽谈活动细节。

（6）对活动现场的人力、物力安排进行调度。

（7）组织搭建活动现场。

线下活动相比线上活动来说，有时候更加复杂，涉及活动策划、场地安排、人员管理、活动预算、现场演讲安排、互动游戏等多个方面。

11.3　知识付费——利用线上微课吸粉

线上微课是依据新的课程标准和教学实践要求，以多媒体资源（如计算机、手机等）为主要载体，记录教师围绕某个知识点在课堂内外开展的教育教学活动的网络课程。

线上微课的主要特点包括：教学实践时间较短、教学内容精炼、资源容量小、情景化资源组成、主题明确、内容具体、草根研究、趣味创作、成果简化、多样化传播、反馈及时和针对性强。

11.4　新型营销——利用二维码吸粉

二维码营销是一种新型的营销方式，它以二维码为纽带，融合移动互联网、自动识别技术，精准投放优惠券。通过对二维码图片的传播，引导消费者扫描二维码，推广相关产品的信息和商家促销活动，刺激消费者购买。本节为大家介绍二维码的营销渠道和营销技巧。

1. 二维码营销渠道

二维码营销具有信息量大、成本低、可加密、尺寸可变等优点。微店店主若想利用二维码进行店铺营销推广，可以通过以下渠道。

（1）微信渠道。微信二维码是腾讯开发的一种新方式，是含有特定格式内容，只能被微信软件正确解读，为微信账号传播提供了良好的介质。

（2）网站网页渠道。用户通过手机扫描网站二维码，迅速识别码内网址，方便用户在手机上浏览网页，从产品运营角度，网站二维码已成为一种便捷的下载方式。

（3）线下广告渠道。企业可在户外广告宣传礼品包装上印制二维码，方便用户在看到广告时扫描。

（4）微博渠道。利用微博庞大的用户基础，将自己的应用地址生成二维码。用户扫描后即可下载。

（5）邮件渠道。营销人员可以将二维码营销与邮件营销结合，在邮件中嵌入营销二维码，收件人扫描后即可访问广告页面，大幅提升广告效果。

（6）企业名片。名片是企业形象的体现，随着网络的发展，名片上添加了网站和QQ号等信息。如今，名片上印制二维码，扫描即可轻松查看到企业的宣传或营销活动。

2. 二维码营销技巧

二维码不仅可为品牌进行线上、线下互动营销，还为检测线上媒体投放效果提供了新途径。对希望进行微营销的商家企业而言，掌握二维码营销策略至关重要。具体技巧包括以下几个方面。

（1）解析二维码内容。在推广二维码时，应告知消费者扫描后，能看到什么。若消费者不清楚二维码内容，企业难以获得高扫描率。若二维码内含优惠券等信息，应在其旁进行说明。

（2）关注二维码扫描率。企业应选择合适平台，提高扫描率。一个好的投放平台的营销效果会比企业随便选择多个平台的效果要好得多，因此，企业要抓住用户所关注的平台，选择合适的位置和时间进行二维码投放。

（3）增强用户体验。企业应用二维码，引发消费者互动，增强体验，提升购买欲望。通过二维码互动活动，满足消费体验，提高产品成交转化率。

（4）利用数据精准营销。二维码营销借助智能手机设备和通信个性化、数据化特征，为精准营销提供广阔空间。在移动互联网时代，二维码可精确地跟踪每一位用户的记录，为企业选择最优媒体、最优广告位、最优投放时段提供精确参考。

11.5 硬件助力——通过硬件设备引流

运营者在进行公众号引流的过程中，还可以通过微信广告机、二维码发票和Wi-Fi这3种硬件设备来吸粉，以提升引流效果。

1. 用微信广告机吸粉引流

微信广告机是一款硬件产品，可以通过加好友、群发消息快速而精准地推广运营者的消息，现在很多运营者都在使用微信广告机做推广。微信广告机的主要商业价值体现在以下几个方面。

（1）一站式吸粉。粉丝在体验照片快捷打印时，微信广告机通过事先设置好的微信宣传方案，可以让粉丝快速关注微信公众号，以此来提升公众号关注度。

（2）全方位宣传。微信广告机可以用它本身带有的视频、图片以及一些其他功能进行宣传，不仅如此，正在不断更新的广告模式还可以让广告机通过网络远程宣传产品，且能分屏管理宣传，让每一个广告都有效地传递给受众。

（3）照片互动宣传。微信广告机通常具备照片打印功能，10秒内就可打印一张照片，所以可以采取打印手机照片收费的方式来增加收益。照片下端还可印刷广告，为粉丝关注微信公众号进行"长尾宣传"，让广告信息和品牌价值传递给更多的人。

（4）提升品牌形象。通过微信广告机，用户可以快速制作自己的LOMO卡，提升商品在用户心中的形象，让品牌传播从被动变为主动。这不仅巩固了现有的品牌消费者，更能带动潜在消费者，实现品牌价值的快速提升。

（5）微信加粉利器。用照片的方式与客户进行互动，既方便快捷地带给客户直观、真实的感受，节省了广告成本；又能让客户主动扫描二维码，达到吸粉的目的，提高了运营者的销售额和关注度。

2. 用二维码发票吸粉引流

消费者在购物时，通常会向商家索要发票，有一些运营者的发票上携带公众号二维码的，这些发票就是使用二维码发票打印机打印的。

随着打印技术的发展，二维码发票打印机也成了时尚的选择。这种带有公众号二维码的发票具有更好的引流功能，在使用过程中受到了运营者的喜爱。

3. 用Wi-Fi吸粉引流

现在有一种吸粉神器，就是通过关注微信公众号实现Wi-Fi上网功能的路由器，特别适合线下的商家。再好的运营者，都需要做Wi-Fi入口导航，否则很难积累粉丝。用Wi-Fi广告软件，可以将公众号引流做到极致。

例如，WE-Wi-Fi是国内独家基于微信公众号关注关系，实现"免费Wi-Fi + 微信关注即登录"的Wi-Fi上网与认证产品，用户无须重复认证上网操作，只要微信的关注一直保持，下次到店即可自动连上Wi-Fi上网。

11.6 朋友圈——通过好友互推引流

好友互推指的是运营者在自己的个人微信号、企业微信号的朋友圈里发布软文广告或者硬广告，让自己朋友圈的好友关注你的微信公众号的一种吸粉引流方法。

运营者在进行好友互推时，可以把自己微信公众平台上发布的文章再在朋友圈发布一次，朋友圈中的好友看见了，如果感兴趣就会点开文章阅读。运营者可以坚持每天发送，只要文章质量高，自然而然能够吸引他人关注公众号。

这种方法在分享自己动态的同时，也宣传了公众平台，是一个很不错的推广方法，而且也不容易引起朋友圈中好友的反感。

朋友圈的力量有多大，相信不用谁说，大家都知道。微信运营者可以利用朋友圈的强大社交性为自己的微信公众平台吸粉引流。朋友圈的强大主要表现在以下两个方面。

（1）运营者本身朋友圈的影响力。

（2）朋友圈用户的分享和高效传播能力。

要想激起用户转发分享的欲望，就必须有能够激发他们分享传播的动力。这些动力来源于很多方面，可以是活动优惠、集赞送礼，也可以是非常优秀的、能够打动用户的内容。不管怎样，只有能够给用户提供价值的内容才会引起用户的注意和关注。

11.7　征稿大赛——更有效的引流方法

运营者可以通过在微信公众号上开展各种大赛活动，进行吸粉引流。这种活动通常在奖品或其他条件的诱惑下，参加的人数比较多，而且通过这种大赛获得的粉丝质量比较高，因为他们会更加主动地去关注公众号的动态。运营者可以选择的大赛活动类型非常多，但原则是尽量与自己所处的行业领域相关联，这样获得的粉丝才是有高价值的。

运营者可以根据自己的公众号类型，在平台上开展征稿大赛，可以是为自己的平台要推送的文章进行征稿，也可以是为自己平台的产品进行征稿。采用征稿大赛吸粉引流，可以借助一定的奖品来提高粉丝的参与积极性。

运营者举行征稿大赛时，如果活动过程中涉及网络投票，那么在这个环节一定要注意刷票情况的出现。在征稿大赛活动中，防止刷票是非常重要的。只有给每一位参赛者一个公平竞争的机会，才能确保选出的获胜者拥有真正的实力，也能够有效地防止运营者以及参赛者的账号被平台系统封号。

运营者在策划征稿活动时，在投票环节还需要注意的一点是，要做好用户的投票体验。做好用户的投票体验指的是，用户在给参赛者投票时，投票的方式要尽可能方便，不要过于烦琐。

提升用户投票体验和效率可以通过在投票平台上设置一些小功能来实现。例如，运营者可以在投票页面设置一个搜索栏，这样用户进入投票页面后，就可以直接在搜索栏中搜索参赛者的名字或参赛号码，然后给参赛者投票。这种方法可以避免用户因为参赛者排名靠后，需要一页一页浏览去寻找参赛者而带来的麻烦。只要将用户的投票体验提升了，用户的投票效率自然而然就会得到相应的提高。

11.8　大号互推——建立公众号营销矩阵

大号互推是微信公众号营销和运营过程中的常见现象，其实质是运营者之间建立账号营销矩阵（即两个或两个以上的运营者之间达成协议，进行粉丝互推，提升双方的曝光率和知名度，最终有效吸引粉丝关注），可以达到共赢的目的。本节就来介绍大号互推的方法。

1. 寻找合适的大号进行互推

大号互推目的是达到双赢。因此，在选择合作的大号时要慎重，要双方得利，这样才能合作愉快并维持稳定的互推关系。那么，从自身来看，应该怎样选择适合自己的大号呢？

1）大号是否名副其实

如今，不同平台的粉丝数量和粉丝质量参差不齐，这使有些"大号"不能称为真正意义上的大号。此时要求运营者对新媒体账号有一定的辨别能力。

具体来说，可以从新榜、清博等网站上的统计数据来查看其平台内容的阅读数、点赞数、评论数和转发率等参数。当然，有些平台账号的这些参数可能存在水分，如果一个平台账号每天推送内容的阅读数、点赞数都相差无几，此时就要特别注意其参数的真实性。

2）用户群、地域是否契合

一个公众号账号的用户群和地域分布一般有其规律和特点，运营者应该从这一点出发来选择合适的大号。首先，在用户群方面，应该选择那些拥有相同用户属性的大号，这样的大号的用户群才有可能被吸引过来。

其次，从地域分布来看，如果运营者想在某个区域做进一步的强化运营，就可以选择那些在这个区域有明显品牌优势的大号；如果运营者想要做更大范围内的运营，就应该选择那些业务分布广泛的大号。

3）选择合适的广告位

营销和推广无论是线上还是线下，广告位都非常重要。特别需要注意的是，不是最好的就是最合适的。选择合适的大号互推也是如此。

一般来说，植根于某一平台的新媒体大号，它所拥有的广告位不是唯一的，而是多样化的，且越是大号，其广告位就越多，效果和收费各有不同。此时就需要运营者从自身需求、预算和内容等角度出发，量力而行进行选择。

在微信公众平台上，其广告位有头条和非头条之分，这是按照广告的条数来收费的，当然，头条和非头条的价位也是明显不同的，头条收费自然是最贵的。除了这些呈现在内容推送页面的广告位外，还有位于推送内容中间或末尾的广告位，如Banner（横幅）广告（末尾）和视频贴片广告（中间）等，这些广告既可以按条收费，也可以根据广告效果来收费。

2. 最大限度地提升互推效果

在找到互推资源并确定一定范围的适合的互推大号后，接下来运营者要做的就是怎样最大限度地提升互推效果，也就是应该选择何种形式互推才能获取更多的关注和粉丝。下面介绍提升互推效果的技巧。

1）筛选参与大号

最终确定互推的参与大号是提升互推效果的关键一环。此时可以从两个方面考虑，即互推大号的调性和各项参数。

从调性方面来看，首先应该确认筛选的参与大号是否适合自身内容和账号的推送，如果不适合，那么这个新媒体账号的粉丝再多也是不可取的。

互推大号的各项参数主要包括粉丝数、阅读数、点赞数和评论数等。一般来说，这些数据是成正比的，但也有例外，有时粉丝数差距在10万～20万人，但阅读数相当，因此运营者应该根据一段时间内比较稳定的数据来筛选互推大号。

在根据以上两个方面进行综合比较和分析之后，就要最终确定筛选结果和选定互推的参与大号了。此时要提醒大家的是，不要忘记参考新媒体平台的排行榜，灵活参考效果将更佳。

2）建立公平规则

公众号运营者在文案中进行互推时，建立公平的规则是很有必要的，只有这样长久地把互推工作进行下去，否则极有可能半途而废。设定公平的互推规则有两种方法，即"一头独大"的固定式互推排名和"百花齐放"的轮推式互推排名，具体内容如下。

（1）"一头独大"的固定式互推排名：其中"固定"意为组织者或发起人的排名是固定的，而不是指所有互推的排名都是固定不变的，其他大号的排名是以客观存在的公众号排行上的某一项参数或综合参数为准来安排的。这种排名方式一般对组织者或发起人有利，但并不能说这种方式是不公平的，因为相对于其他大号来说，组织者或发起人的工作明显更繁重，所有相关的互推工作都需要统筹和安排。

（2）"百花齐放"的轮推式互推排名：为了吸引那些质量比较高、互推效果好的大号参与，组织者或发起人也可能选择轮推的方式进行互推排名。这里的"轮推"是把组织者或发起人也安排在内，按照轮推的方式进行互推排名，而不是像"一头独大"的固定式互推排名一样，总是排在互推的第一位。

3）创意植入广告

事实证明，公众号如果强推互推，不仅达不到预期的效果，反而会引起用户的不满。运营者要想在文案中植入互推广告，必须把握两个字，即"巧"和"妙"。那么具体如何才能做到这两点呢？有以下几个策略可供参考。

（1）图片植入法。相比纯文字信息，图片加软文的方式更受用户欢迎。通过加入图片来进行表达或描述互推的运营者的微信公众号，收到的效果更好。

（2）视频植入法。在软文中加入一段互推大号的视频或语音，宣传效果会很好。如果希望宣传效果更好，可邀请名人或明星录制，若觉得请名人、明星成本太高，可以让大号的门面人物来录制。

（3）舆论热点植入法。每天手机上都会接收到各种各样关于网络舆论热点人物或事件的报道，它们的共同点是关注度高。运营者可以借助这些热点事件撰写内容，然后将互推广告植入进去。

（4）故事植入法。故事因为具备完整的内容和跌宕起伏的情节，容易吸引大家持续关注。运营者植入互推广告时，可以充分借用这一手段，改变传统的广告硬性植入方式。

11.9　点赞转发——利用公众号功能引流

一般来说，只要公众号的产品好，用户是不会吝于点赞的。而若想要用户进一步转发，他们一般会基于两个方面的原因：一是因为存在利益关系，二是因为主观认为被转发者有这方面的需求。

正因为如此，公众号运营者可以设置一些活动或提供丰富多彩的内容：一方面，可以让用户主动转发或购买；另一方面，也可以在其中提供一些切实的利益，让用户帮助点赞、转发。

因此，在目前各大平台提供了点赞、转发功能的情况下，可以积极地发挥它们的作用，让用户在关注平台时乐于进行点赞、转发。

但是在微信公众号运营后期，运营者必须根据用户需求不断增加、提升、完善内容和活动，使这一功能应用更加全面。而对于大品牌营销而言，就需要针对目标群体进行个性化的定制。

11.10　脱颖而出——通过其他平台吸粉

现在推广公众号的平台越来越多，吸引粉丝的方式也层出不穷，怎样才能从中脱颖而出呢？下面以百度百家和知乎平台为例，主要向运营者介绍借助推广平台吸粉引流的技巧，让公众号运营者的工作能够变得更简单一些。

1. 百度百家

百度百家平台是百度旗下的一个自媒体平台，于 2013 年 12 月正式推出。运营者入驻百度百家平台后，可以在该平台上发布文章，然后平台会根据文章阅读量的多少给予运营者收入。与此同时，百度百家平台还以百度新闻的流量资源作为支撑，能够帮助运营者进行文章推广，扩大流量。

百度百家平台上涵盖的新闻有四大板块，具体包括体育板块、文化板块、娱乐板块和财经板块。百度百家平台排版清晰明了，用户在浏览新闻时非常方便。

目前，百家号的创作者数量已超 500 万，由此可见其受欢迎的程度以及收益的可观性。微信公众平台运营者可以加入百家号进行创作，为公众号进行推广引流。

2. 知乎平台

知乎平台是一个社会化问答类型的平台，目前月活跃量上亿。知乎平台的口号是"与世界分享你的知识、经验和见解"。知乎拥有 PC、手机两种客户端。

在知乎这样的问答平台上，运营者可以以提问题和回答问题的方式，利用平台进行推广和引流。而且问答推广都有特定的推广技巧和方法，具体分为发布文章型、自问自答型和回答问题型。

1）发布文章型

虽然知乎是一个问答型平台，但发布的内容并不一定是回答他人的提问。公众号运营者也可以通过在知乎上发布文章，详细解读某一方面的内容，为特定用户答疑解惑。

如图 11-1 所示，公众号"手机摄影构图大全"在知乎上发布的一篇文章，通过对摄影知识的解读，成功地在知乎上吸引了不少粉丝。

图 11-1　公众号"手机摄影构图大全"在知乎上发布的文章

2）自问自答型

在问答推广和引流中，自问自答型效率最高，以自己提出的问题，自己作出回答的方式来进行。

运营者可以根据公众号所在行业、产品信息和用户的搜索习惯，选取有搜索量的目标关键词，然后去回答平台上的提问。

3）回答问题型

回答问题型比自问自答型难度大，因为需要去选择适合推广公众号产品的问题进行回答，而答案不能有过于突出推广产品的意味，要很好地把握这个度。下面介绍回答问题型的注意事项。

（1）答案要有质量。回答问题时，一定要有质量，不能胡乱回答。如果提供的答案是靠谱或具有影响力的，极大可能会被设置为最佳答案，可以提升账号的信誉度和账号等级。

（2）控制好回答的量。同一个账号，每天回答的问题最好不要超过10个，否则容易被封号。

（3）慎留链接。账号级别低时，回答的内容里一定不要放置链接，以防账号被封或链接被屏蔽。账号级别高时，可将链接放置在"参考资料"一栏，但不要多放。

需要注意的是，答案一定不能抄袭或照搬他人的文章，也不能违反知乎社区相关规定，用词要避开敏感词，以免被封号。

第 12 章

10 种盈利手段，让赚钱变得简单

学前提示

大部分公众号是依靠粉丝来盈利的，毕竟粉丝数量多，可以开展更多营销活动，或带有商业性质的活动。这样不仅能让用户更加关注微信公众号，而且也能实现盈利，真可谓一举两得。本章主要介绍公众号的多种盈利方式，让赚钱变得简单。

要点展示

➤ 电商品牌——通过特卖入口盈利

➤ 头条广告——发布软广、硬广进行盈利

➤ 流量广告——开通流量主获得收益

➤ 赞赏功能——发布文章获得收益

➤ VIP 制度——通过会员活动收费盈利

➤ 活动盈利——举办商业收费活动

➤ 线上培训——效果可观的吸金方式

➤ 出版图书——靠基础和实力盈利

➤ App 开发——拓宽公众号盈利渠道

➤ 代理运营——实现百万大号的商业盈利

12.1 电商品牌——通过特卖入口盈利

对于品牌电商来说，在微信公众平台开放特卖入口，是一种非常好的引流盈利方式。

例如，京东会在其微信公众平台上引入"百亿补贴""3元3件""拼团更便宜"等链接，让用户直接点击进去，充分发挥了移动平台优势，既方便了用户，又获取了盈利的机会。图12-1所示的是"百亿补贴"与"万人团一起来拼"活动的入口界面。

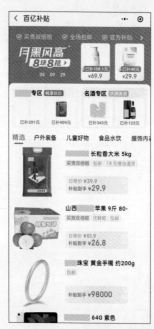
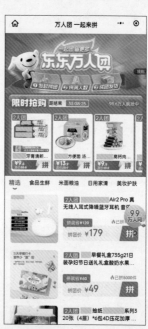

图12-1　"百亿补贴"与"万人团一起来拼"活动的入口界面

在通过电商品牌特卖入口推送品牌信息的过程中，运营者只有把握好推送的时间和技巧，才能为平台创造更多的盈利收入。具体来说，推送时间和技巧的含义如下。

（1）把握好推送时间。微信公众平台的运营者要选择最合适的时间推送消息，为品牌商家吸引更多粉丝。

（2）把握好推送技巧。在推送时，可以通过添加图片的方式，让文章或品牌活动更具有说服力，以提高读者对品牌的满意度和依赖感。

微信公众平台的运营者需要明白，图片对于品牌推广起着很大作用，具体表现在4个方面，即文字中含软性植入广告、展示品牌产品详情、让读者产生品牌代入感以及激发读者购买欲望。

12.2 头条广告——发布软广、硬广进行盈利

随着互联网的发展，网络营销方式日益增多，但最基础、应用最广泛的仍是软文营销。

微信公众号运营者要想做好软文营销，实现商业盈利，就需要掌握一些软文营销的规律和要素，只有这样才能让软文营销发挥最大作用。本节将重点介绍头条软文盈利的内容。

头条软文广告是指在微信公众平台上，运营者将广告嵌入头条消息中的一种广告形式。什么是头条消息？头条消息就是在推送消息中，摆在首要、最上方、最重要的位置的信息。图 12-2 展示的是公众号头条消息。

图 12-2　公众号的头条消息

头条消息作为公众号最重要的流量入口，是商家们紧盯的目标，将广告投放到头条消息中，能够收到更加佳效果。

头条消息和非头条消息最大的区别在于用户阅读数和点赞数等数据的不同。因为头条消息在推送消息中占的排版面积更大，加上会配上相应的图片，所以更容易吸引用户注意，用户首先关注的是头条消息，因此点进去阅读的可能性更高，阅读数和点赞数等数据更优。

图 12-3 展示的是"左右视频"微信公众号同一天的头条消息和非头条消息的数据对比。

图 12-3　头条消息（左）与非头条消息（右）数据对比

12.3　流量广告——开通流量主获得收益

在微信后台，有一个"流量主"功能。"流量主"是腾讯为微信公众号量身定制的展示推广服务。下面将从 3 个方面对"流量主"功能进行介绍。

1. 功能阐述

"流量主"是微信公众号平台官方的唯一广告系统，开通"流量主"的公众号会将自身公众号内指定位置（通常是公众号文章页面底部）的广告展示出去，供广告主作广告展示，然后开通"流量主"功能的公众号会按月获得广告收入。"流量主"的开通方法在微信客服平台中有详细介绍，在此就不再赘述，具体如图 12-4 所示。

> 开通门槛
>
> · 微信公众账号运营到 500 粉丝（该账号关注用户）才能申请开通
>
> · 同一主体最多允许 20 个公众账号申请开通流量主
>
> · 存在刷粉行为的公众账号不予通过，规则请参见《微信公众平台运营规范 3.2》

图 12-4　"流量主"的功能阐述

"流量主"展示位置在图文消息的全文页面底部，如图 12-5 所示。"流量主"

广告的展示形式包括图文、图片、关注卡片、视频等。

图 12-5　"流量主"广告

2.功能优势

"流量主"广告的功能优势包括 4 个方面，具体内容如图 12-6 所示。

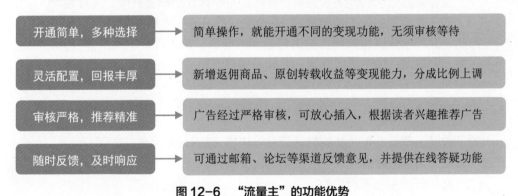

图 12-6　"流量主"的功能优势

3.功能介绍

"流量主"包括三大功能，分别是报表统计、流量管理和财务管理。

1）报表统计

根据微信平台给出的说明，运营者可以按时间筛选查询数据，提供关键指标趋势图，掌握数据变化拐点。

2）流量管理

流量管理功能是创建、修改广告，设置精准定向及出价。图 12-7 展示的是"流量管理"页面。

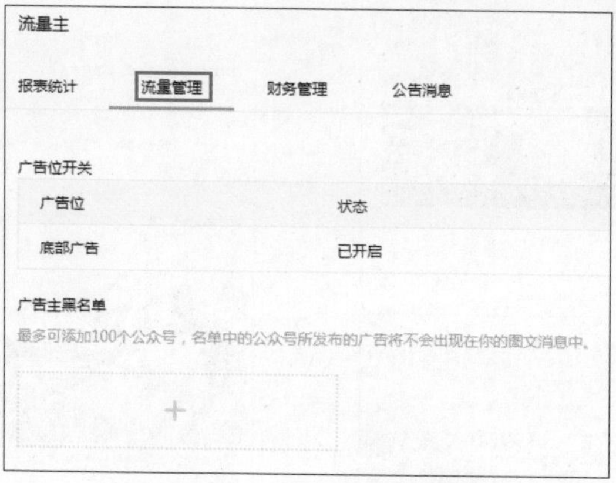

图12-7 "流量管理"页面

3）财务管理

财务管理功能是让运营者查看每天广告收益明细，定期自动提现到银行账户。开通"流量主"必须满足以下要求。

（1）已经开通原创功能的账号，要有 1 万粉丝才能申请开通"流量主"功能。

（2）没有开通原创功能的公众号，要有 2 万粉丝才能申请开通"流量主"功能。

（3）同一个运营主体不能有超过 20 个公众号开通"流量主"。

因此，对于想要通过流量广告进行盈利的商家，首先要做的就是提升自己的用户关注量，只有用户关注量提升后，才能开通"流量主"功能。

12.4 赞赏功能——发布文章获得收益

为了鼓励运营者发布优质的微信公众号内容，微信公众平台推出了"赞赏"功能。开通"赞赏"功能的微信公众号必须满足以下条件。

（1）必须开通原创声明功能。

（2）除个人类型的微信公众号外，其他类型的微信公众号必须开通微信认证。

（3）除个人类型的微信公众号外，其他类型的微信公众号必须开通微信支付。

运营者想要让自己的微信公众号开通"赞赏"功能，就需要经历以下两个阶段。

（1）第一个阶段是坚持一段时间的原创后，等到微信公众平台发出原创声明功能的邀请，运营者就可以在后台申请开通原创声明功能了。

（2）第二个阶段是企业在开通原创声明功能后，继续坚持一段时间的原创，等待微信后台发出"赞赏"功能的邀请，这时运营者就可以申请开通"赞赏"功能了。图 12-8 所示为微信公众号"赞赏"功能示例。

图 12-8 "赞赏"功能示例

微信公众号开通"赞赏"功能后，就多了一种盈利的方式，运营者可以通过在图文消息的最下方放置"赞赏"按钮，让粉丝及用户自行赞赏。

很多微信公众号依靠"赞赏"功能会有不少收入。当然，你推送的图文消息要对粉丝及用户具有吸引力，不然也是白忙活一场。

运营者如果符合开通要求，只需在"赞赏"功能申请开通页面点击"开通"按钮，即可申请开通"赞赏"功能，如图 12-9 所示。

图 12-9 "赞赏"功能开通页面

12.5 VIP 制度——通过会员活动收费盈利

付费盈利的方式多种多样，在实际运营中，运用得最多的是付费阅读盈利和VIP 会员盈利。本节将介绍这两种不同的盈利方式。

1. 付费阅读盈利

付费阅读是微信公众平台新兴的一种阅读盈利模式。付费阅读的形式很多，例如"打赏获得全文""点击阅读原文链接进入付费模式""使用微信豆兑换"等。

在"使用微信豆兑换"付费阅读盈利模式下，运营者首先撰写一篇优秀的文章，然后将文章的一部分发布到微信公众平台上，并注明如果读者想要继续阅读全文，需要使用微信豆进行兑换，如图 12-10 所示。

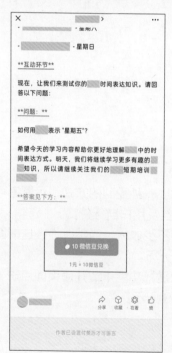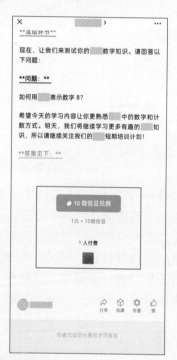

图 12-10   付费阅读

2. VIP 会员盈利

微信平台的运营者还可以通过招募 VIP 会员的方式实现商业盈利。平台的 VIP会员拥有以下特权。

（1）会员不需要付费就能阅读全文。

（2）会员提出的问题，平台会在第一时间给予解答。

（3）会员可以参加平台组织的线下活动，进行面对面的交流等。

招收付费会员也是微信公众平台运营者盈利的方法之一，最典型的例子就是"罗辑思维"微信公众号。"罗辑思维"推出的付费会员制为：普通会员是 200 元 / 个，而铁杆会员是 1200 元 / 个，这个看似不可思议的会员收费制度，其名额却在半天内就售罄了。

12.6　活动盈利——举办商业收费活动

活动盈利是指运营者通过组织各类线上、线下活动，让其他机构或者读者赞助或付费的一种盈利方式。活动盈利的方式多种多样，本节将介绍几种活动盈利的方法。

1. 冠名赞助

冠名赞助盈利是一种商家以"商业赞助"的名义来买断平台某次活动的冠名权的盈利方式。

通俗地讲，就是商家对微信公众平台进行商业赞助之后，微信公众平台需要将商家的品牌名称加入推送的文章中，让商家品牌有更多的曝光率，达到为商家宣传推广的目的。

当平台接受了某个品牌或某个企业、机构的赞助之后，就需要在活动中将企业品牌名称体现出来，并且着重突出活动是由该企业冠名赞助的。

运营者要抓住机会，利用能利用的一切资源，实现商业活动冠名赞助的盈利，最终达到盈利的目的。

2. 线下聚会

对于拥有一定数量的粉丝，同时是本地类的微信公众号而言，可以通过线下聚会的形式进行盈利。线下聚会的盈利方式主要包括以下内容。

（1）通过日常文章推送以及粉丝的日常沟通，了解粉丝需要什么。

（2）根据粉丝的需求和爱好，策划相应的线下自营项目，如"90 后"粉丝喜欢聚会、开 Party 等。

（3）策划好项目之后，可以组织粉丝一起参与，邀请大家一起来玩。

（4）在前期做了几次这样的活动之后，看看效果怎么样。如果效果不错就在后期尝试收费。

其实这就是最基础的社群运营模式。进行线下自营模式的微信公众号最好能够满足以下几点要求。

（1）属于本地类的微信公众号。

（2）微信公众号有一定的粉丝量。

（3）公众号的粉丝有聚众玩耍的兴趣。

（4）线下粉丝有相同的兴趣爱好。

12.7　线上培训——效果可观的吸金方式

通过文字或者视频给用户提供教学培训内容也是一种很不错的盈利手段。作为微信公众号的运营者，常常苦于没有内容发布，但是你却拥有一手好技术，这时，你就可以把自己的技术转换为公众平台的内容，发布出去，让成千上万想要学习技术的用户成为你的粉丝。

想要通过教学培训进行盈利，微信公众号运营者就必须有一定的资源和技术，为用户提供有价值的内容，才能够在后期获得一定的回报。

目前，知识付费是微信平台中一种较常见的教学培训盈利手法，著名的自媒体公众号"罗辑思维"便是代表。它不仅通过在微信中开展知识付费服务发展出了自己的 App 商城，而且在微信小程序中也建立了与 App 同名的知识服务商城。

值得注意的是，开通账号的前期，微信公众号的运营者需要做的就是吸粉，通过提供免费的干货技巧让平台获得足够多的粉丝，才能实行后期的收费制度。对于想通过销售教学培训课程来盈利的运营者来说，定一个好的价格是非常重要的，定价原则如下。

（1）价格不能太高，价格太高就不会有人买。

（2）价格不能太低，价格太低很容易造成用户之间互相传播视频。

12.8　出版图书——靠基础和实力盈利

当运营者运营的平台具备了一定的影响力、积攒了很高的人气之后，就可以做实体出版了，比如"手机摄影构图大全"平台就是这样一个凭借深厚的影响力实现实体出版的平台，如图 12-11 所示。

在平台积攒了越来越多的人气之后，"手机摄影构图大全"公众号平台就开始通过整理内容，出版了摄影作品《摄影构图从入门到精通》，如图 12-12 所示。

图 12-11　"手机摄影构图大全"公众号平台

图 12-12　《摄影构图从入门到精通》作品

12.9 App 开发——拓宽公众号盈利渠道

App 应用在智能手机上发展得越来越好，很多人愿意下载安装 App 拓展乐趣。运营者如果有自己独立的 App，就可以将接口放到微信公众号平台上。这样，不仅可以让用户免去了下载安装 App 应用的时间和精力，还能为微信公众号及运营者的 App 带来更多的关注。

比如，在"看理想"官方公众号菜单栏就有"看理想 App"下载入口，如图 12-13 所示。

图 12-13 "看理想"App 下载入口

"看理想"App 是一个将看、听、想整合在一起的 App，在这个平台上，可以品味梁文道独到的文学见解，观赏陈丹青的艺术绘画，聆听马世芳的音乐讲解。

通过微信公众平台将粉丝引流到自己的 App 上之后，就能让消费者在 App 上进行消费，从而获得盈利。

12.10 代理运营——实现百万大号的商业盈利

代理运营也叫代理联盟接单，做代理运营的前提条件是运营者必须掌握大量第一手自媒体资源，这是实现盈利的基石。在这一领域，WeMedia 无疑是佼佼者，其概况介绍如图 12-14 所示。

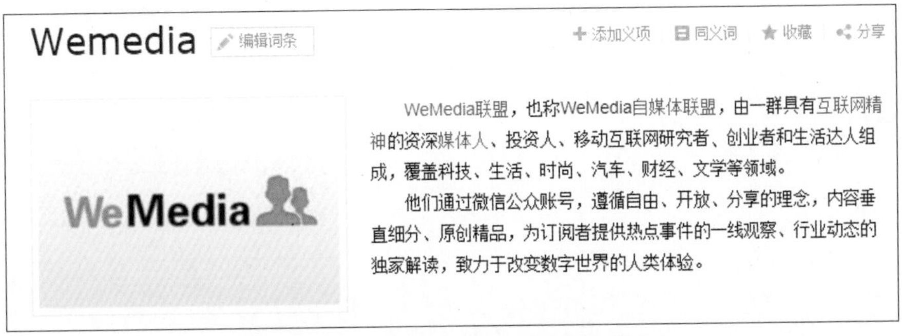

Wemedia 编辑词条

➕添加义项　同义词　★收藏　分享

WeMedia联盟，也称WeMedia自媒体联盟，由一群具有互联网精神的资深媒体人、投资人、移动互联网研究者、创业者和生活达人组成，覆盖科技、生活、时尚、汽车、财经、文学等领域。

他们通过微信公众账号，遵循自由、开放、分享的理念，内容垂直细分、原创精品，为订阅者提供热点事件的一线观察、行业动态的独家解读，致力于改变数字世界的人类体验。

图 12-14　WeMedia 的概况介绍

与 WeMedia 类似的平台众多，包括自媒体联盟、公关公司，甚至个人也在从事相似业务。代理运营的运作模式通常是让百万粉丝的大号代理品牌商家运营其微信公众号一段时间，在规定的时间内实现粉丝数量的显著增长。

盈利模式是基于粉丝增长数量进行分成。例如，一个百万大号帮助一个品牌商家运营一个公众号，每增加一个粉丝，品牌商家支付给百万大号运营者 4 元作为报酬。

当前的微信公众平台有很多粉丝过百万的独立账号、粉丝过千万的账号集群，这些账号的粉丝基础大多是通过微信代理运营模式，将原先在微博等其他社交平台上积累的用户成功转化而来。

因此，品牌代理运营的商业盈利模式特别适合拥有大量粉丝基础的大号，是一种有效的盈利途径。

第 13 章

10 种运营策略，彰显小程序价值

学前提示

在微信小程序上线之前，许多运营者的营销主战场是手机端的 App。微信小程序上线之后，越来越多的人和企业在看到它千亿级的市场潜力之后，开始召集团队开发自己的小程序，这也直接推动了小程序运营推广时代的到来。本章主要介绍小程序的运营技巧。

要点展示

➢ 信息设置——选择专属的头像

➢ 鼓励分享——借助他人力量传播

➢ 微信群分享——两种策略引爆小程序

➢ 强强联手——推广小程序和公众号

➢ 运营优化——利用大数据调整运营

➢ 聊天记录——利用查找功能进行推广

➢ 场景优化——提高实用性争取用户

➢ 自我定位——寻找适合小程序的业务

➢ 深入分析——预测关键词与热点

➢ 口碑效益——利用好评来换取排名

13.1　信息设置——选择专属的头像

头像是小程序的门面，用户看一个小程序，首先看到的除了名字外，就是头像。因此，它的设置对小程序的推广运营至关重要。

小程序头像设置与小程序名称填写相同，都是在"填写小程序信息"页面，运营者只需在该页面找到"小程序头像"，点击"选择图片"按钮，即可完成设置，如图 13-1 所示。

图 13-1　小程序头像的设置

运营者在设置小程序头像时，需要注意以下几点。

（1）内容。运营者可以自主选择小程序的头像，但头像中不得涉及政治敏感因素和色情内容。

（2）格式。小程序的头像有一定的格式要求，可用作头像的图片格式有 5 种，即 png、bmp、jpeg、jpg 和 gif。

（3）大小。用作小程序头像的图片不应大于 2MB，大于该数值的图片无法设置为头像。

（4）修改。运营者可根据自身需求对小程序的头像进行修改，但每个月只能修改 5 次。

13.2　鼓励分享——借助他人力量传播

当看到"鼓励用户分享转发"字样时，有的运营者可能会产生疑惑，因为微信小程序是不允许诱导分享的。确实，微信运营规范中的"行为规范"板块明确指出不能诱导分享，如图 13-2 所示。

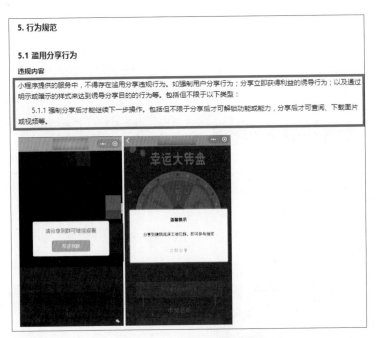

图13-2　"行为规范"板块

但是，如果运营者仔细阅读"行为规范"板块的相关内容之后，就会发现，它只是要求运营者不要在小程序页面中引导用户分享。至于其他的地方，比如公众号、线下等，微信小程序既没有作出要求，也没有管理的权力，运营者可以放心地鼓励用户分享小程序。

运营者可以把握好机会，通过一定的举措鼓励用户分享小程序。比如，可以线下举行一次活动，将小程序的分享次数作为评判的标准，对分享次数较多的用户给予一些优惠。

这样的做法会让部分用户为了获得福利，主动充当小程序宣传员，帮小程序广发"名片"。

当然，除了鼓励他人分享之外，运营者以及相关人员也可以充分发挥主观能动性，利用小程序的转发功能，将小程序分享给自己的好友。相比于自己埋头苦干，借助其他人的力量往往能让更多人认识到小程序，毕竟每个人都有好友，传播者越多，传播面相应地也就越广。

13.3　微信群分享——两种策略引爆小程序

除了好友分享之外，运营者还可以通过以下操作利用微信群进行分享。

首先，进入需要分享的小程序页面，点击左上方的…按钮。操作完成后，在弹出的对话框中选择最近常联系的朋友，或者点击"转发给朋友"按钮，如图 13-3 所示。

图 13-3 操作步骤（1）

接着，手机页面会自动跳转至"选择一个聊天"界面，此时只需选择需要转发的微信群即可，如图 13-4 所示。操作完成后，如果小程序的链接信息作为聊天消息出现在目标微信群中，就说明转发成功了。

通常利用微信群推广小程序可分为三种策略，具体如下。

1. 追求数量

所谓追求数量，就是尽可能地将小程序转发至更多的微信群。这种策略相对来说更适合需要提高知名度的小程序，因为它可以最大限度地扩大宣传面，正好契合了该类小程序的需求。

但是，这种推广方法因对受众不加选择，所以大部分转发可能都收不到实际效果，运营者为此花费的时间和精力也成了浪费。

2. 以质取胜

与追求数量策略不同，以质取胜微信群推广策略往往更注重对受众的选择，即挑选相对需要该小程序的人群进行有针对性的宣传推广。比如，有的运营者在社群中进行小程序分享，运用的就是这种策略。

图 13-4　操作步骤（2）

虽然"以质取胜"微信群推广策略更具有针对性，但是它的宣传面通常比较有限。因此，对于迫切需要提升名气的小程序来说，该策略不太合适。

3. 两者互补

以质取胜和追求数量这两种微信群推广策略各有优势和不足，如果能做到两者兼顾自然是最好的。但是，在大多数情况下，运营者只能选择其中一种策略进行推广。

此时，运营者需要做的就是根据小程序的实际情况选择策略，如果小程序迫切需要提高知名度，就采取追求数量策略；反之，如果小程序更看重高质量用户的获取，就选择以质取胜策略。

13.4　强强联手——推广小程序和公众号

对于微信小程序运营者来说，微信平台在宣传小程序的途径中，二维码更多是提供线下入口，而分享功能则是将小程序推广至有一定联系的微信好友或微信群。那么，如何才能在线上将小程序推荐给更多陌生人呢？

此时，小程序运营者就需要用到公众号了。公众号对于小程序的宣传和推广意义重大，这主要体现在关联功能上。公众号中可提供 4 个小程序入口，具体如下。

1. 菜单栏跳转

公众号菜单栏跳转小程序功能，相当于增加了从公众号进入小程序的一种途径。运营者只需进入微信公众号后台，在"自定义菜单"界面增加"小程序"选项，并在右侧的"跳转小程序"板块中选择"小程序"即可，如图 13-5 所示。

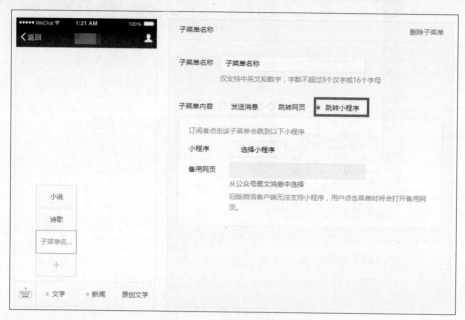

图 13-5 "自定义菜单"界面

执行上述操作后，只需点击页面下方的"保存并开发"按钮，便可生成一个类似于超链接的菜单选项，用户在公众号页面点击该选项，便可直接跳转至小程序界面。而这看似简单的操作，不仅加强了公众号与小程序的联系，还增加了小程序的进入途径。

2. 图文消息设置

和公众号菜单栏可跳转小程序相同，公众号图文消息可打开小程序，实际上也是进入小程序的一种途径。

在微信公众号图文消息中，可生成一个图片或文字链接。如果将图文消息保存并发布，那么公众号用户只需点击该图片或文字链接，便可跳转至事先设定好的小程序页面。

这就意味着只要公众号向用户发送图文消息，运营者便可以有意识地加入跳转至小程序的链接，增加小程序的曝光度，从而在方便用户进入小程序的同时，通过公众号为小程序引流。

3. 发送关联通知

除了公众号菜单栏和图文消息之外，公众号还可以通过向粉丝发送关联小程序通知的方式，增加进入小程序的渠道。

图 13-6 所示为某公众号向用户发送"公众号关联小程序通知"的截图。这看似只是一条通知，但是收到该通知的用户却可以通过点击消息，直接跳转至微信小程序的相关界面。

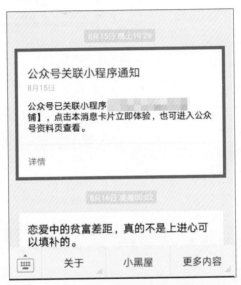

图 13-6　"公众号关联小程序通知"截图

另外，虽然每个公众号每天只有一个推送图文消息的名额，但是运营者不必担心发送关联小程序通知之后会影响正常的消息推送，因为该通知是不占用每天的推送名额的。

需要特别说明的是，"公众号关联小程序通知"只能发送一次，一旦用完就没有了，因此，运营者要善用这次宣传小程序的机会，让这条通知尽可能地发挥其引流效果。

4. 介绍界面互相跳转

对于公众号关注的小程序，用户还可以通过点击聊天界面的链接，实现公众号与小程序的互相跳转。

用户关注该公众号之后，即可自动进入该公众号的默认界面，在最下面的菜单栏中有多个子菜单，用户点击某一项菜单，即可进入该公众号关联的小程序。

图 13-7 所示为公众号跳转小程序示例。用户选择"去首页"选项，即可直接进入该购物小程序的"首页"界面。

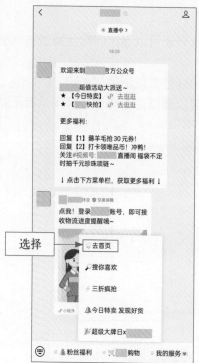

图 13-7　公众号跳转小程序示例

用户在小程序中选择"关于"选项，同样可以点击公众号图标，直接进入小程序关联的公众号。

由此不难看出，通过信息介绍界面，运营者可以直接打通与公众号关联的小程序，从而形成一个流量的循环，促使公众号和小程序的流量一同增长。因此，无论为了公众号还是小程序，将小程序与公众号关联都是很有必要的。

13.5　运营优化——利用大数据调整运营

"小程序数据助手"是微信推出的一个小程序，用户只需在搜索栏中输入"小程序数据助手"，便可获得结果，如图 13-8 所示。如果小程序已经发布，便可以直接进入该小程序，运营者可以在手机上实时查看该小程序的相关数据。

当然，该小程序只适用于已发布小程序的运营者。若小程序还未发布或运营者未获得授权，那么便无法登录"小程序数据助手"，如图 13-9 所示。

登录"小程序数据助手"之后，运营者便可查看"数据概览""访问分析""实时统计"和"用户画像"这四大板块的数据。图 13-10 所示分别为"小程序数据助手"中的"用户画像"和"数据概览"界面。

图 13-8 搜索结果

图 13-9 无法登录小程序

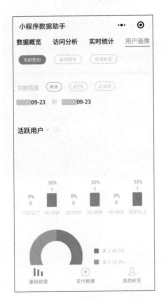

图 13-10 "小程序数据助手"界面

　　通过关注"小程序数据助手"，运营者可以非常方便地实时查阅小程序的相关数据，并根据数据的变化对相关运营策略的效果进行评估，从而及时调整运营方向，将小程序的推广引入正确的方向。

13.6 聊天记录——利用查找功能进行推广

聊天记录对微信聊天小程序具有记录功能，只要小程序成功地分享给微信好友或微信群，便会出现在"聊天信息"中的"聊天小程序"一栏。而且这种记录还将长久留存，免费对分享的小程序进行推广，并为用户访问提供入口。

登录小程序，将需要被记录的微信小程序分享至微信好友或微信群；点击右上角的图标，进入"聊天信息"界面，选择"查找聊天记录"选项，点击"小程序"按钮，选择其中某一个信息内容，即可进入对应的小程序，如图 13-11 所示。

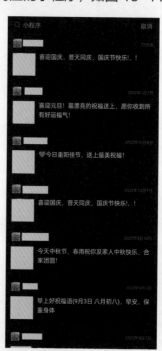

图 13-11　利用查找功能进行推广

13.7 场景优化——提高实用性争取用户

对于小程序来说，实用性可以说是制胜法宝之一。那么，如何体现小程序的实用性呢？其中较简单直接的方法就是提供特定的实用场景，创造机会让受众使用小程序。

这一点对于以功能取胜的小程序来说尤其重要，因为实用场景的创造不仅能增加小程序的使用率，更是对品牌的有效宣传。只要使用场景做好，便可以争取到大量用户。美团骑车小程序就是一个很好的例子。

为了让品牌得到宣传，美团骑车先是以数量取胜，将大量单车放置在道路旁。这一举动实际上就是通过随处可见的租赁物单车，方便用户的使用。

而用户只要打开美团骑车小程序，就可以清晰地看到离自己最近的单车，减少不必要的找车时间，如图 13-12 所示。点击该界面下方的"扫码用车"按钮，便可以通过扫码直接开锁。

图 13-12　使用美团骑车功能

正是因为美团骑车小程序可以进行单车定位和扫码开锁，为用户带来了诸多便利，所以越来越多的用户开始使用该小程序。而在此过程中，该小程序的单车定位和扫码开锁功能，起到的实际作用就是提供特定使用场景。

13.8　自我定位——寻找适合小程序的业务

企业型小程序的特点在于内容需要围绕企业现有的业务进行移动化改造，而内容又由选择的领域决定。因此，小程序的运营者在设计小程序时，首要任务就是根据自身业务选择合适的领域，运营主体擅长什么就提供什么服务。

所谓擅长什么就提供什么服务，实际上就是在自我定位的基础上，在适合自身情况的领域开展业务。小程序运营者可以从以下两方面进行考虑。

1. 业务复制

许多运营者在开发小程序之前，可能已在特定领域取得了显著成绩。对于这些运营者来说，在设计小程序时，应将这些已有的业务作为主要内容进行展示。

这方面绝大部分小程序运营者做得很好，比如爱奇艺、腾讯视频等，在开发小程序之前已是国内知名的视频平台。当他们在小程序中以提供视频内容为主时，迅速吸引了大量用户。

2. 业务延伸

对于小程序运营者来说，有时仅在原有的业务上进行复制可能还不够，对此，运营者可以在原有业务的基础上进行延伸，应根据目标用户的需求和自身条件，在现有业务基础上进行拓展。

喜马拉雅在这方面做得非常出色。它推出了针对 3 ~ 9 岁的儿童的"喜马拉雅儿童商城"小程序，开发了新的内容。从而成功拓展了业务范围。

13.9　深入分析——预测关键词与热点

在影响小程序搜索排名的各种因素中，最直观的无疑就是关键词。但是，用户在搜索时所用的关键词可能会呈现阶段性的变化。具体来说，许多关键词都会随着时间的变化而具有不稳定的波动趋势。

因此，运营者在选取关键词之前，需要先预测用户搜索的关键词。本节将从两个方面介绍如何进行关键词预测。

1. 参照热点预测关键词

社会热点新闻是公众关注的焦点，当社会新闻事件一旦出现往往会催生大量新的关键词，其中搜索量高的被称为热点关键词。

微信小程序商户不仅需要关注社会新闻，更要学会预测热点，抓住时机预测出热点关键词，并将其用于微信小程序的名称中。

2. 根据季节预测关键词

即便搜索同一类物品的小程序，用户在不同的时间段选取的关键词仍有可能存在一定的差异性。也就是说，用户在搜索关键词的选择上可能会呈现出一定的季节性。因此，运营者需要根据这种季节性，预测用户搜索时可能会选取的关键词。

季节性的关键词预测相对容易，小程序商户可以从季节和节日名称上进行预测。

值得注意的是，关键词的季节性波动相对稳定，主要与季节和节日相关。例如，用户在搜索服装类小程序时，可能会搜索包含季节名称的关键词，如春装、夏装等；节日相关的关键词则可能包含节日名称，如春节服装、圣诞装等。

13.10 口碑效益——利用好评来提升排名

一些小程序商户可能认为用户好评与小程序的搜索排名没有直接联系，但事实并非如此。从关键词搜索排行来看，用户点击量高的小程序排位越靠前。许多用户选择点击某个小程序，往往是基于其他用户或小程序应用商店的好评。

用户好评实际上是用户在进入小程序前的重要参考因素，对微信小程序电商的搜索排名至关重要。那么，如何争取用户的好评呢？

运营者可以通过多种措施提高小程序内相关产品的好评率，这对购物类小程序尤为重要。例如，商户可以通过提升产品质量和服务水平，甚至通过赠送小礼品等方式，来赢得用户的好评。

第 14 章

10 种涨粉方法，百万粉丝不是梦

学前提示

　　虽然小程序的宣传推广至关重要，但要想实现快速发展，还需要掌握必要的引流和用户留存技巧，以确保用户不会轻易流失。本章将介绍小程序的 10 种引流方法，帮助大家更好地推广和运营小程序，提升用户关注量。

要点展示

- ➤ 基础引流——利用电商链接来引流
- ➤ 内容为王——以优质内容提高留存率
- ➤ 支付引流——深挖移动金融流量
- ➤ 电视引流——结合热门节目进行宣传
- ➤ 二维码引流——扫码送礼，"码"到成功
- ➤ 邮件引流——借由通信打通入口
- ➤ 视频引流——打造爆款内容的秘诀
- ➤ 提高活跃度——建立签到奖励模型
- ➤ 朋友圈引流——精准定位目标用户
- ➤ 其他手段——利用外部入口获取流量

14.1　基础引流——利用电商链接来引流

微信小程序的搜索排名与用户的使用次数直接相关，而通过链接增加人流量又是增加用户使用次数的重要途径。因此，链接的引流效果也可对小程序的搜索排名产生影响。

链接大致可分为两类：一类是实现小程序内页面跳转的内部链接；另一类是由其他平台跳转至小程序页面的外部链接。单从流量获取效果来看，外部链接明显优于内部链接。因此，本节将重点对外部链接引流的相关内容进行解读。

搜索引擎判断页面与关键词的相关性，一般是以页面上含有的元素来进行分析，如页面上多次出现"外卖"，或堆砌相关关键词，搜索引擎就会判断该页面与"外卖"相关的内容。

这导致许多商家在页面上堆砌搜索次数高的关键词，让搜索引擎误以为该页面与热门关键词有关，实际上该页面的主题内容与关键词并无相关性。页面得到流量后，再诱导用户点击广告，而忽视用户体验。

这样的相关性排序算法曾被滥用，但不可取。与此相比，搜索引擎更注重他人的说法，如许多摄影网站都推荐你的网站，那么搜索引擎就会有极大可能认为你的网站是摄影领域的权威。

因此，微信小程序商户在导入其他网站链接时，若能让其他网站推荐自己的链接，那么外部链接的优化就相当成功。

随着搜索引擎优化的对象越来越多，微信小程序电商要获得外部链接变得越来越困难。目前，比较有效并能快速获得链接的方法是链接诱饵。

而链接诱饵主要是从内容入手，需要精心设计和制作，创建有趣、实用的内容来吸引外部链接。本节将从诱饵种类和诱饵制作两方面进行介绍。

1. 诱饵种类

链接诱饵有很多种类，小程序运营者可以根据诱饵的种类来思考吸引链接的方法。以下为链接诱饵的常见类别。

（1）新闻诱饵：新闻作为诱饵的特点是更新速度快和专业性强。

（2）资源型诱饵：这是最简单、有效的链接诱饵，可以是深入探讨的教程、文章，也可以是资源列表。

（3）争议性话题：带有争议性的话题最能吸引关注，尤其是围观者的传播和评论。

（4）利益吸引：提供链接者能得到利益也是形成诱饵的方法，投票、排名、比赛都是常见的利益吸引方法。

（5）搞笑幽默：搞笑幽默的内容也可以吸引到很多外部链接，可以从网站上传播最快的内容入手，如笑话、段子。

2. 诱饵制作

微信小程序电商的链接诱饵，最主要的还是内容要有创意。因此，目前还没有统一的标准和适用于所有情况的模式。在制作小程序链接诱饵时，需要注意以下事项。

（1）要坚持制作和积累链接，因为并不是每一个链接诱饵都能够成功。

（2）若以内容为王，必定要在标题上下功夫，好的标题是链接成功的一半。

（3）链接诱饵的主要目的是吸引目标对象的注意，所以应该去掉诱饵页面中所有广告性质的内容。

（4）在链接诱饵的页面上可以提醒和鼓励目标对象进行分享。

（5）排版整洁的链接诱饵页面有利于目标对象的阅读，容易引起目标对象的分享；设计时，在链接诱饵页面中加入图片、视频或列表，可以增加外部链接数量。

14.2 内容为王——以优质内容提高留存率

小程序的留存率与其为用户提供的内容有极大的关系。如果运营者能够在小程序中提供独特且具有吸引力的王牌内容，小程序的留存率自然就会提高。

小程序的王牌内容可以从以下两个方面打造。

（1）内容具有独特性和不可替代性。例如，"K 米点歌"作为一个可以连接 KTV 包厢并进行操控的小程序，其功能在小程序中具有唯一性，因此，容易获得大量用户。

（2）生产对用户吸引力较强的内容。比如在购物类小程序中，运营者可以通过设置限时低价板块，让用户在得到一定福利的同时，提高小程序的留存率。

图 14-1 与图 14-2 分别为"拼多多"小程序的"限时秒杀"界面和"京东购物"小程序的"9.9 包邮"界面。

这两个小程序之所以能够成为领先的购物类小程序，除了品牌的影响力之外，限时秒杀活动起到了极大的推动作用。

因为限时秒杀活动为用户提供了大量远低于实体店价格的商品，所以用户为了获得相对便宜的商品，会将这两款小程序一直保留，以便在闲暇时间快速获取限时秒杀活动的相关信息。

更有甚者，一小部分用户可能会养成时不时查看秒杀活动的习惯。在这种情况下，用户逐步转化为小程序的粉丝，而小程序的留存率自然而然地得到了保证。

图 14-1　"限时秒杀"界面

图 14-2　"9.9 包邮"界面

14.3　支付引流——深挖移动金融流量

2015 年，红包大战打响，由微信、QQ、支付宝领头，抢占移动支付市场。以前各大巨头是通过电商形式抢夺用户，培养用户的支付习惯。而红包规则诞生后，商家又看到了新的突破口，新一轮移动支付市场抢夺大战正式开启。

阿里和腾讯的战略制高点，就是将移动支付作为撬开百亿市场的切入点。在这两大巨头的带领下，移动支付将被应用到衣、食、住、行等诸多领域中，从线上到线下，囊括人们生活的方方面面。

在未来，不论是线上还是线下，无论是衣、食、住、行，还是更为个性化的个人需求，用户都能得到更多便利的服务。

我国移动支付从爆发式增长到现在，已经有六七年的时间。手机钱包取代现金钱包，已不再是一句空话，它已经成为现实。随着移动支付市场的日益规范，这一领域将成为各商家的争霸战场。

那么，小程序运营者如何通过支付引流呢？主要可以从两方面进行考虑。首先，从线上来看，为了促进支付量的增长，影响更多用户，运营者可以采用赠送红包、拼团、秒杀等方式，让用户觉得物有所值。图 14-3 所示分别为"京东购物"小程序的领红包和万人团界面。

 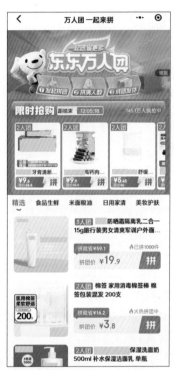

图 14-3　领红包与万人团界面

其次，从线下来看，在现实生活中，移动支付不仅可以给小程序运营者的收款带来便利，如果融入实用场景，还可以为用户提供更多个性化、定制化的服务。

例如，用户点餐时，需要填写个人信息、自助点餐和输入口味需求，餐厅会将用户的消费能力、喜好、口味等数据留存在用户结账消费的档案库中，当用户再次消费时，小程序通过算法，将精准化的菜品推荐、定制化的套餐服务和针对性的制作工艺呈现在用户面前，给用户留下超值体验，形成口碑效应。

14.4　电视引流——结合热门节目进行宣传

电视节目具有传播范围广、受众数量庞大等特点，因此时下热门的电视剧经常成为许多人热议的话题。

结合热门电视节目宣传小程序，不仅能拉近与受众的心理距离，还能让小程序凭借话题的热度获得更多人的关注，从而快速提升小程序的知名度。

那么，小程序运营者如何借助电视节目引流呢？

运营者需要选择一部相对热门的电视剧。对此，运营者既可以从微信朋友圈信息入手，也可以通过查看视频网站中电视剧的播放量进行判断。

比如，爱奇艺根据电视剧的播放量设置了"风云榜"，运营者可以选择一部排在榜单前列的电视剧。执行操作后，即可进入相应界面，查看该电视剧的相关信息。如果某部电视剧更新到了第 20 集，此时，小程序运营者就可以通过将"×××第 20 集"作为关键词融入标题中发布相应文章的方式，借此电视剧获得更多受众的关注。

14.5 二维码引流——扫码送礼，"码"到成功

与其他应用相比，小程序推广的最大优势在于可以将二维码直接作为一个入口。这意味着用户无须根据小程序名称搜索，只需用微信"扫一扫"识别便可以进入。

综观人们的日常生活，微信"扫一扫"扮演着越来越重要的角色。从加微信好友到微信支付，只要手机在手，人们便可以通过扫码完成许多事务。微信"扫一扫"功能无疑给人们带来了越来越多的便利，与此同时，人们也越来越习惯于通过扫码进行相关操作。

在这种情况下，二维码势必会成为用户进入小程序，特别是线下进入小程序的重要途径。因此，进行线下扫码推广对运营者的意义将日益重大。那么，如何进行线下扫码推广呢？二维码线下引流有以下两种方法。

（1）传单扫码引流。

（2）扫码优惠引流。

下面分别对这两种二维码线下引流的方法进行简要介绍。

运营者可以组织人员到人流量多的地方发放传单，准备一些扫二维码送饮料之类的奖品，通过扫码送奖的方式，让受众了解并帮助宣传小程序。

此外，运营者还可以在衣服后面印上小程序二维码，并通过扫二维码送优惠券的方式，鼓励目标用户主动扫码。在此过程中，为了增强宣传效果，运营者可以利用帅哥、美女效应吸引眼球。

14.6 邮件引流——借由通信打通入口

利用邮箱这个通信工具，可以帮助小程序运营者赢得更多的精准受众。引流的邮件主要包括三种类型。本节将对这三种引流邮件进行简要介绍。

1. 欢迎邮件

给所有新加入小程序的用户发送一封正式的欢迎邮件，除了正面反馈用户的加入行为外，还起到提醒用户加入能够获取价值的作用。这一点对购物类小程序来说尤其重要。

运营者可以在欢迎邮件中恰当地加入新用户的特惠或专属活动内容，增加用户对小程序的好感。

2. 库存邮件

库存邮件是指购物类小程序在售卖产品过程中出现产品库存不足，或补货到货时通知用户的邮件。

当用户准备购买心仪产品却遇到缺货时，会感到沮丧。如果运营者能够及时发出库存通知邮件和到货提醒邮件，就能很好地解决这个问题。库存邮件的发送情况？可以总结为以下 3 种情况。

（1）商品即将售罄时，提前给用户发送抢购提醒邮件。

（2）用户购买缺货时，发送道歉邮件，说明到货时间，并推荐类似商品。

（3）补货产品到货时，及时发送到货通知邮件，并提供补偿优惠活动。

值得一提的是，在邮件中加入直接链接到产品页面或下单页面的链接，可以促使用户产生立即购买的行为，提高成交量。

3. 关怀邮件

关怀邮件是指商家（运营者）在特别的日子，如用户生日、店铺周年庆或节日，给用户发送关怀慰问的邮件。

小程序运营者发送邮件的初衷是联系和培养与用户之间的关系，但要注意适度、适量，以免让用户产生反感情绪。

14.7　视频引流——打造爆款内容的秘诀

相比文字图片，视频在表达上更直观、丰满。随着移动互联网技术的发展，手机流量等因素的阻碍越来越少，视频成为时下最热门的领域。借助这股东风，爱奇艺、优酷、腾讯视频、搜狐视频等视频网站获得了飞速发展。

随着视频平台的兴起与发展，视频营销也随之兴起，成为企业网络营销的常用方法。小程序运营者可以借助视频营销，近距离接触目标群体，将这些目标群体开发为自己的客户。

视频背后庞大的观看群体，对网络营销而言就是潜在用户群，而如何将这些潜在用户转化为自己的用户，才是视频营销的关键。

视频营销是指企业以视频形式宣传推广产品和活动等内容。这不仅要求高水平的视频制作，还要有吸引人的亮点。常见的视频营销形式包括电视广告、网络视频、宣传预告片、微电影等。

如今的视频营销主要向互联网方向发展，与传统电视广告相比，互联网视频营销的受众更具参与性，在感染力、表现形式、内容创新等方面更具优势。互联网视频营销，通过用户自发地观看、分享和传播，带动企业推广，产生"自来水式"的传播效果。

对于小程序运营者来说，最简单、有效的视频营销方式是在视频网站上传与小程序相关的短视频。

例如，腾讯视频中某视频看似从受众角度推荐实用小程序，实则为某小程序做推广，事实证明，这样的做法比直接广告更受欢迎，如图 14-4 所示。

图 14-4　推广某小程序的视频画面

14.8　提高活跃度——建立签到奖励模型

签到奖励是许多互联网平台具备的功能，尤其是那些建立了积分奖励机制的平台。

地理位置签到服务，简称"签到"，允许用户将地理位置信息记录在多个服务应用中，其基本特点如下。

（1）主动记录：通过签到形式记录用户网络位置。

（2）荣誉激励：签到与奖励机制挂钩。

（3）同步分享：签到模式往往带有分享功能。

（4）后续内容：签到可以作为其他内容开展的前期模式。

App 签到模式简单，应用广泛，是目前使用比较频繁的一种与用户互动的营销模式。尤其是进入移动网络时代，位置成为连接每一次移动的节点，即生活的一部分。

虽然小程序中的签到奖励不常见，但小程序可以借鉴 App 运营经验，选择合适的切入点，建立签到奖励模型。小程序签到奖励模型的切入点主要有以下 3 个。

（1）创新签到形式。

（2）提供多种多样的活动。

（3）设置签到排行榜。

下面分别对这 3 个建立签到模型的切入点进行简要说明。

1. 创新签到形式

纵观各应用中的签到形式，大多数仍为传统的在登录应用之后进行签到。虽然这种签到形式能在一定程度上促使用户形成使用习惯，但由于它主要局限于线上，且大多数用户签到之后便直接退出登录，所以这种签到形式对应用的实际推动作用是相对有限的。

对此，运营者可以适当地对签到形式进行创新，如通过定位将 O2O 模式直接应用，让签到变成一种线上、线下同时进行的活动。

对此，运营者可以运用 LBS 定位技术，参照街旁的签到模式，让用户在地图上进行定位和编辑的基础上，进行更细致的后续操作。

2. 提供多样的活动

利用签到模式提供服务和特价活动，是商家推出签到模式的一个原因。随着签到的盛行，形式多样的签到活动开始被人们所熟知，以下为部分常见的创新型签到活动。

（1）群体活动。案例：如果 20 人一起签到，可以得到一定价值的徽章。

（2）朋友活动。案例：4 人同时签到，可以得到一个免费的点心。

（3）新手活动。案例：第 5 次、第 10 次签到可以得到额外优惠券。

（4）累计活动。案例：第 10 次、第 20 次签到可以得到额外优惠券。

3. 设置签到排行榜

自 2015 年 10 月起，微信朋友圈流行拼步数，许多用户为了步数排名更好看一点，使出浑身解数拼命地走路，每天能走到两三万步甚至更多，这就是利用用户的竞争心理推动软件发展。

其实，小程序运营者也可采用签到排行模式，将使用小程序的用户与其微信好友的签到进行排行，形成竞争关系，增加用户活跃度，增添小程序趣味性。

14.9　朋友圈引流——精准定位目标用户

在小程序上线之初，微信对于小程序朋友圈营销的行为可以说是有一点抵触的，其中最直接的一点就是小程序不能直接分享至朋友圈。而随着小程序的发展，小程序朋友圈广告也变得多样起来。

小程序朋友圈广告推广方式主要有两种：一种是将小程序二维码分享至微信朋友圈，让用户扫码进入；另一种是在微信朋友圈广告中提供一个进入小程序的链接，用户只需点击该链接便可直接进入小程序。虽然这种朋友圈广告推广效果通常比较显著，但却需要支付一定费用。

以上两种微信朋友圈广告推广方式虽有所不同，但无论是哪种方式，都可以为用户进入小程序提供一个入口，为小程序的推广助力。至于要选择何种朋友圈广告推广方案，小程序运营者只需根据自身需求决定即可。

14.10　其他手段——利用外部入口获取流量

流量的多少直接关系到一个小程序的成败。要想让小程序获得充足的流量，小程序运营者就必须学会抢占流量入口。

那么，小程序运营者需要抢占哪些流量入口呢？又该如何抢占呢？本节以微信与百度百科为例，试作分析。

1. 微信

微信是腾讯公司推出的一款移动智能手机应用，为用户提供文字、图片、语音等信息的免费传播平台。目前，微信已经覆盖了中国 90% 以上的智能手机，庞大的用户群使它在互联网企业眼中犹如一座富矿。

在微信大火的当下，微信营销成了网络营销的热点，它突破传统营销的渠道限制，很多传统企业通过它成功转型，也有很多互联网企业借助它获得巨大成功。其实，微信营销对小程序推广同样适用。

微信平台可以说是小程序运营者必争的流量入口之一，这不仅是因为微信拥有众多用户，更是因为微信中提供了多种小程序推广渠道。如果运营者营销得当，便可轻松地获得一定的流量。

借助微信平台的力量，小程序运营者可以通过扫码推广、分享推广等方式获取流量。图 14-5 所示为某公众号中关于"成分随手查"小程序的相关文章。

图 14-5　某公众号中关于"成分随手查"小程序的介绍

这篇文章特意介绍了"成分随手查"小程序，并着重介绍了该小程序的使用方法。借助"微信公开课"公众号的庞大用户群体，"成分随手查"小程序此次"扫码＋公众号"推广获得了巨大的成功，该小程序不仅知名度快速上升，更在短期内获得了大量用户。

2. 百度百科

在互联网上，小程序运营者可以借助百度百科平台进行营销，将小程序的相关信息通过百科传递给用户，方便用户形成对小程序品牌和产品的认知，同时也有利于向潜在用户推广小程序。

百科词条是百科营销的主要载体，做好百科词条的编辑对网络营销至关重要。百科平台的词条信息有很多种分类，但对于企业的网络营销而言，主要的词条形式包括以下 4 种。

（1）行业百科：企业可以以行业领头人的姿态，参与到行业词条信息的编辑中，为想要了解行业信息的用户提供相关行业知识。

（2）企业百科：企业的品牌形象可以通过百科进行表述，如奔驰、路虎等汽车品牌在这方面就做得十分成功。

（3）特色百科：涉及的领域十分广阔，例如地方政府可以参与地方百科的编辑，名人、企业家可以参与与自己相关的词条的编辑。

（4）产品百科：是消费者了解产品信息的重要渠道，能够起到宣传产品，甚至促进产品使用和产生消费行为等作用。

对于小程序百科营销而言，最合适的词条形式无疑是产品百科。图 14-6 所示为百度百科中关于"小程序数据助手"小程序的相关内容，其采用的便是产品百科的形式。

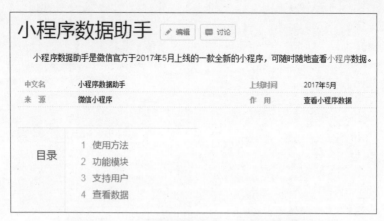

图 14-6　"小程序数据助手"小程序的产品百科

第 15 章

10 条转化途径，年赚百万很简单

学前提示

　　微信小程序一经推出，立刻火遍大江南北，许多运营者对小程序最直接的想法就是能够赚钱。确实如此，小程序是一个潜力巨大的市场，但它同时也是一个竞争激烈的市场。因此，要想在小程序中盈利，轻松赚到钱，掌握一定的转化途径是必不可少的。

要点展示

- ➢ 广告盈利——运营和广告两不耽误
- ➢ 直播宣传——将主播的粉丝变为消费者
- ➢ 付费内容——通过提供干货内容获取收益
- ➢ 个体电商——打造个体平台进行销售
- ➢ 有偿服务——薄利多销累积更多收益
- ➢ 联动活动——促成线上与线下的联动
- ➢ 收取定金——出售卡片打通线上与线下
- ➢ 融资盈利——借融资增强盈利能力
- ➢ 开设课程——有偿教学实现盈利
- ➢ 标签盈利——变 IP 标签为"钱力"

15.1 广告盈利——运营和广告两不耽误

流量即影响力，许多商家为了推广自己的品牌，愿意投资广告。而一些小程序的流量相对来说又是比较庞大的，所以这些小程序完全可以在运营过程中为他人和自己的平台投放广告，以此将流量转化为收益。

以直播类小程序为例，广告的形式主要有两种，一是在直播界面中插入广告，二是进行直播平台的推广广告。本节就对这两种直播广告分别进行解读。

1. 直播中插入广告

直播中插入广告包括直接对某些产品进行直播宣传和销售，在直播中插入一段广告，以及在直播界面的合适位置插入广告等。其中，一种比较能让用户接受的方式是在直播界面的合适位置插入广告。

与其他广告方式相比，在直播界面的边缘插入广告的优势在于，主播无须在直播过程中刻意进行过多的宣传，只要直播继续，广告便会一直持续展示。此外，由于这种方式显得较为自然，通常不会让受众反感。

2. 直播平台推广

直播平台是主播聚集之地，热门直播平台拥有巨大的流量。因此，部分广告主会选择直接在直播平台上投放广告。直播平台推广广告通常会出现在用户观看直播的"必经之路"上。

例如，在直播平台导航栏上方的活动推广页面对广告主的相关信息进行推广；在直播间界面下方为广告主提供一个链接，插入广告。

由于广告具有引导消费的倾向，部分观众对广告持反感态度。因此，在直播过程中，小程序运营者可以适当地通过广告盈利，但必须有所节制，避免广告影响了观众的观看体验。

15.2 直播宣传——将主播的粉丝变为消费者

通过直播，主播可以获得一定的流量。如果运营者能够借用这些流量进行产品销售，便可以直接将主播的粉丝变成店铺的潜在消费者。而且，与传统的图文营销相比，直播导购可以让用户更直观地了解产品，因此，用这种方式能够取得更好的营销效果。

在电商领域，直播用得比较好的电商平台当属"蘑菇街女装"小程序，该程序直接设置了一个"直播"板块，图 15-1 所示为相关界面。平台的商家可以通过直播导购来销售产品，某产品的直播界面如图 15-2 所示。

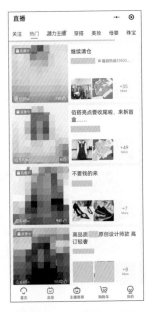

图 15-1 "直播"板块

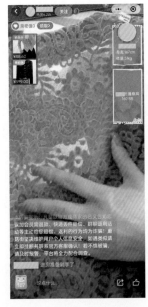

图 15-2 某产品的直播界面

此外，在直播界面购买产品也非常方便，因为在直播界面的左侧列出了相关的产品链接，用户只需点击对应链接，便可选择产品的颜色和数量，然后点击"立即购买"按钮，即可进入"快捷下单"界面，快速完成购物。

在通过电商导购进行小程序盈利的过程中，运营者需要特别注意以下两点。

（1）主播一定要懂得带动气氛，吸引用户驻足。这不仅可以刺激用户购买产品，还能通过庞大的在线观看数量，吸引更多用户主动进入直播间。

（2）要在直播中为用户提供便利的购买渠道。因为有时候用户购买产品只是一瞬间的想法，如果购买流程过于烦琐，用户可能会放弃购买。同时，在直播中提供购买渠道，也有利于主播及时为用户答疑，增加产品的成交率。

15.3 付费内容——通过提供干货内容获取收益

我们经常可以在售卖某些食品的店铺中看到所谓的免费试吃，商家让你尝一下产品的味道。如果你觉得好吃，还想再吃，就要花钱购买。其实，内容类小程序也可以运用这种盈利模式，用干货打造付费内容。

例如，小程序运营者可以将一小部分干货内容呈现出来，让用户免费查看，先激发用户的兴趣。当用户看得津津有味时，顺势推出付费查看全部内容的盈利模式。这样，用户为了看完感兴趣的内容，就只能选择付费。

付费看内容的盈利模式常见于一些原创文章中，用户在点击查看某些文章时，可以限时查看文章的开头一小部分内容，如果用户想要继续阅读，则需要付费。

图 15-3 所示为"微信读书"小程序中某文章的相关界面，显然，其采用的便是这种盈利模式。

在视频类小程序中，则更多地会将会员制和付费查看全部内容相结合。例如，在"腾讯视频"小程序中，对于某些电视剧，用户可以看前面一些剧集。但是，要想观看最近更新的内容，则需要开通会员，具体如图 15-4 所示。

图 15-3 "微信读书"小程序相关界面

图 15-4 "腾讯视频"小程序相关界面

付费看完整内容的魔力在于，运营者通过免费提供的内容已经吊起了用户的胃口。而对于一些无法按捺住自己的用户来说，只要是自己感兴趣的内容，就一定要看完，或者是看到最新的内容。因此，这种盈利模式往往能通过前期预热，取得不错的营销效果。

可以说，付费看完整内容盈利模式的优势和劣势都是非常明显的。它的优势在于，能够让用户尝到"味道"之后，对自己喜欢的内容欲罢不能，从而成功地让用户主动为内容付费。

这种模式的劣势主要表现在，用户可以获得一部分内容，这样一来，整个内容的神秘感就会有所下降，而且如果免费提供的内容不能激发用户的兴趣，用户必然不会买账。

因此，小程序运营者在运用付费看完整内容的盈利模式时，一定要对提供的内容，特别是免费呈现的内容进行精心的选择和编辑，确保它对用户是有吸引力的，否则，内容的盈利率可能不会太高。

15.4　个体电商——打造个体平台进行销售

小程序可以说是开辟了一个新的销售渠道，运营者只需要开发一个小程序电商平台，便可在上面售卖自己的产品。而且每个小程序都是独立的，是由运营者自己开发和设计，这就好比是小程序提供了一块场地，运营者只需在上面搭舞台进行表演即可，表演的成功与否，都取决于运营者自身的潜力。

小程序对于商家的一大意义在于，商家可以通过开发小程序独立运营自己的电商平台，而不必依靠淘宝、京东等大型电商平台，这便给了运营者一个很好的探索个体电商和实现新零售模式的良机。

具体来说，无论是有一定知名度的品牌，还是普通的微信营销，都可以在小程序中"搭建舞台"，展现自己的的实力。图 15-5 和图 15-6 分别为某鸭脖小程序和某零食铺小程序的首页界面。

图 15-5　某鸭脖小程序首页界面

图 15-6　某零食铺小程序首页界面

从图 15-5 和图 15-6 中不难看出，任何店铺都可以通过打造电商平台销售产品来实现小程序的盈利。当然，要想让用户在小程序中购物，首先得让用户觉得小程序有其他平台所没有的优势。

对此，运营者既可以学习某鸭脖小程序的做法，设置专门的"门店自取""外送到家"板块，打通线上及线下，也可以进行一些促销或招募代理的活动。至于具体如何操作，运营者根据自身情况进行选择即可。

特别是品牌知名度不太高的运营者来说，单独开发一个小程序，很可能会遇到用户数量比较少的问题。因此，运营者需要明白，用户在购物时也会"认生"的，运营者在运营初期，用户或许会有所怀疑，不敢轻易下单。

但是金子总会发光，只要坚持下来，在实践过程中将相关服务一步步进行完善，为用户提供更优质的产品和服务，小程序终究会像滚雪球一样，吸引越来越多的用户，其盈利能力也将变得越来越强。

15.5　有偿服务——薄利多销累积更多收益

虽然运营者也能开发自己的小程序，但是这需要先在短期内积累起大量用户，然后宣传产品，最后通过销售获利。当然，许多店铺商家可以选择有偿服务，这样盈利更为直接。

总之，小程序盈利的方法多种多样，在这些方法中，运营者既可以直接在平台中售卖产品，也可以通过广告位赚钱，还可以通过向用户提供有偿服务的方式，把服务和盈利两者直接联系起来。

向用户提供有偿服务的小程序并不是很多，但也不是没有，比如"包你拼"小程序便是其中之一。用户进入"包你拼"小程序，在该界面中输入赏金和数量的具体数额之后，界面中便会出现"需支付……服务费"的提示。图 15-7 所示分别为赏金数额为 1 元和 10 元时拼字与拼图的相关界面。

而在用户支付了金额之后，便可生成一个红包，单击该界面中的"转发到好友或群聊"按钮，便可将红包发送给微信好友或微信群。

尽管该小程序需要收取一定的服务费用，但因为费用相对较低，再加上其具有一定的趣味性，所以许多微信用户在发红包时还是会将该小程序作为一种备选工具。虽然该小程序收费比例比较低，不过随着使用人数的增加，该小程序积少成多，也获得了一定的收入。

在为用户提供有偿服务时，小程序运营者应该抱着"薄利多销"的理念，依靠服务次数取胜，而不是期望一次赚取大量利润；否则，目标用户可能会因为服务费过高而被吓跑。

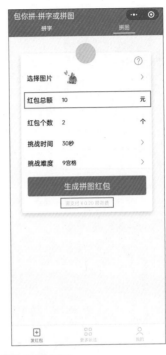

图 15-7 "包你拼"相关界面

15.6 联动活动——促成线上与线下的联动

运营者开发小程序的目的各不相同，有的是进行电商创业，有的是增加一个销售渠道，还有的是借助平台实现线上与线下的融合。

一般来说，实现线上与线下融合的方式多种多样，而线上预约到店取货便是其中较常见的一种方式。线上预约到店取货就是用户在线上购买产品后，自行到线下店铺领取，某手机点单小程序就是这种方式的代表。

首先，用户点击某手机点单小程序，便可进入其首页界面，如图 15-8 所示，用户点击该界面中的"自助点餐"按钮，进入内容丰富的点餐界面。

执行操作后，便可在点餐界面选择需要购买的产品；点击"购物车"按钮，进入"提交订单"界面；用户只需点击"去支付"按钮，便可在支付之后完成线上点餐流程。点餐完成后，用户便可在指定的时间内直接前往店铺领取购买的产品。

小程序实际上提供的就是一个平台，小程序运营者既可将其作为销售渠道，也可将其作为线上与线下的连接点。

图 15-8　首页界面

至于具体如何用，小程序运营者只需要根据自身实际情况进行选择即可。

15.7　收取定金——出售卡片打通线上与线下

部分小程序运营者，特别是在线下有实体店的运营者，在小程序的盈利过程中探索出一种新的模式，就是以礼品卡的形式，在线上出售卡片，让用户先支付后消费，而自己则收取定金，先行获利。

部分在线下有实体店的小程序运营主体，会通过线上购卡、线下使用的方式，实现线上与线下的融合，"星巴克用星说"小程序便是这种模式的代表。

首先，用户点击"星巴克用星说"小程序，便可进入默认界面，如图 15-9 所示。在该界面中，用户可以选择对应的主题，以"这一杯，我想对 TA 说"的方式，向他人表达自己的心意。

如果用户选择的是 DIY 主题，便可进入"DIY 你的专属卡面"界面，在该界面中用户可以选择卡面和礼品（礼品卡是其中的一种礼品形式），如图 15-10 所示。

点击"下一步"按钮后，进入卡片生成界面，如图 15-11 所示。在此处编辑祝福语，点击"生成"按钮，生成卡片。完成操作后，便可进入购买界面，如图 15-12 所示，选择自己要送出的咖啡或"星礼卡"，点击"购买礼物"按钮，即可完成购买。

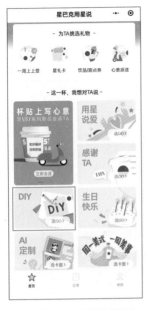

图 15-9 小程序界面

图 15-10 "DIY 你的专属卡面"界面

图 15-11 卡片生成界面

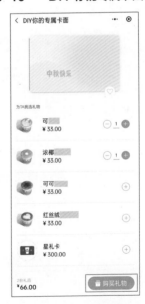

图 15-12 购买界面

中国是礼仪之邦，崇尚"礼轻情意重"的理念，而"星巴克用星说"小程序中的礼品卡则正好满足了国人的送礼需求。此外，礼品卡可以用于线下结算，具有一定的流通性。因此，部分用户，特别是年轻用户会选择通过赠送礼品卡的方式向他人表达自己的心意。

15.8　融资盈利——借融资增强盈利能力

对于小程序运营者来说，个人力量是有限的，小程序平台的发展有时候需要进行融资。融资虽然并不能让小程序平台直接盈利，却能显著地增强电商平台的实力，从而提高盈利能力，实现间接盈利。

在金融市场中，资金通常是会流向投资者认为最有盈利潜力的地方。自 2017 年以来，小程序的发展势头较为强劲，因而许多投资者比较看好这一块领域，纷纷将资金投入小程序行业。

小程序运营者可以通过对这些融资案例的分析和总结，找到适合自身小程序的融资方案，为平台找到强大的"外援"，从而获得更大的发展推力。

虽然融资可以增强小程序平台的盈利能力，但是小程序运营者还得明白一点，投资方不会做亏本生意，要想获得投资，小程序平台就要让投资方展示自己的价值和潜力。

此外，融资毕竟只是增强盈利能力的一种催化剂，小程序平台的盈利能力最终还是由运营能力决定的。小程序运营者应该重点提高自身的运营能力，而不是一味地坐等他人的投资。

15.9　开设课程——有偿教学实现盈利

我们经常听到一些经济欠发达地区的父母说这样一句话：就算砸锅卖铁也要供孩子念书。这些父母的态度说明了知识对于人的重要性。

也正是因为知识对于人的重要性，这些父母才愿意不惜一切代价支付学费。这也从侧面说明了，只要是对人有用的知识，它的传授者就有权利为其付出并获得应有的报酬。

实际上，在小程序中也是如此。如果小程序运营者向用户讲授了一些课程，便有获得相应报酬的权利。因此，通过开课，并收取一定的学费，也是小程序特别是内容类小程序的一种常见盈利模式。

"精品前端课"可以说是通过授课收费模式进行盈利的代表性小程序。用户进入该小程序之后，可以看到首页界面，如图 15-13 所示。在该界面中为用户提供了一些课程，但上面都标明了价格。

点击其中的某一课程之后，便可进入课程相关介绍界面，如图 15-14 所示。在该界面，用户不仅可以看到课程的相关介绍，还可以购买课程自用，或者将课程作为礼物赠送给他人。

图 15-13　小程序首页界面　　　　　图 15-14　课程的介绍界面

小程序运营者要想通过授课收费的方式实现小程序盈利，需要特别把握好以下两点。

（1）小程序平台必须是有一定的人气，否则即便你生产了大量内容，可能也难以获得应有的报酬。

（2）课程的价格要尽可能设置得低一些。这主要是因为大多数人愿意为课程支付的费用都是有限的，如果课程的价格过高，很可能会直接吓跑用户。导致购买课程的人数比较少，能够获得的收益也就相对有限。

15.10　标签盈利——变 IP 标签为"钱力"

对于许多人来说，IP 更像是一种标签，一些有特点的 IP 往往让人印象深刻，从而可以让运营者借助其影响力获得一定的"钱力"。

例如，漫威漫画公司打造的许多超级英雄便属于标签化的 IP，也正是因为如此，当该公司推出汇聚了众多超级英雄的电影——《复仇者联盟》之后，迅速在全球各地创造出票房奇迹，其"钱力"不可小觑。

在小程序中，运营者可以通过两种方式借助标签化的 IP，增强小程序平台的盈利能力，具体如下。

1. 平台的 IP 标签化

所谓平台的 IP 标签化，就是指打造具有代表性的小程序平台，让用户将平台作为购买某些物品的首选。小程序运营者可以借助 IP 积累大量人气，其后即便在小程序中提供的只是一些虚拟产品，如课程或付费内容，也能让许多用户乐于付费购买。

2. 内容的 IP 标签化

内容的 IP 标签化，简单地理解，就是选取具有影响力的内容，打造专栏，将内容的粉丝转化为小程序平台的粉丝。

这一点，内容类小程序平台通常做得比较好。例如，在"喜马拉雅"小程序中，便推出了许多德云社相声的专栏节目，打造了《可爱的中国》等广播剧内容。

标签化的 IP，对于小程序平台来说，就相当于一块活招牌。因为其具有代表性，往往更容易受到 IP 粉丝的欢迎，增强核心用户的吸引力，而这样一来，小程序平台的盈利能力自然而然地得到了提高。

第 16 章

10 种营销技巧，不断提高成交率

学前提示

　　朋友圈是运营者的营销阵地，运营者需要掌握一定的营销技巧，以实现事半功倍的营销效果。

　　本章主要介绍运营者的 10 种营销策略，旨在提高商品的成交率。

要点展示

➢ 产品定位——迅速确定消费目标

➢ 推送技巧——让推文效果更显著

➢ 塑造价值——互惠互利提高成交量

➢ 广告优化——广告多样化呈现

➢ 明星效应——最能带动粉丝消费

➢ 制造情境——主动营造热销氛围

➢ 巧妙晒单——激发客户购买欲望

➢ 会员制度——获得一批忠实用户

➢ 寻找分销商——拓展销售空间

➢ 社群营销——值得探索的营销模式

16.1　产品定位——迅速确定消费目标

在网上购物的用户通常会根据自己的第一印象来确定消费目标，购买欲望的产生往往是在看到产品的第一眼。因此，好的产品描述能够以简洁的文字和图片，传达产品的特色，激发广大用户产生购买欲望。

三言两语能够将产品描绘得真实又实用，是每个做朋友圈营销的商户应该掌握的技能。撰写产品特色描述其实很简单，只要做到以下两点，产品特色描述问题就能得到解决。下面对这两点进行详细介绍。

1. 描述产品属性

运营者在销售产品时，可以展示产品的型号、价格等基本信息，同时还要展示产品的品牌、包装、重量、规格、产地等属性。一般来说，企业对这些属性描述得越详细，买家就越容易做出购买决定，如图 16-1 所示。

图 16-1　描述详细的产品信息

2. 突出产品特色

以产品特色进行营销的方式，与其他营销方式的区别在于：突出产品特色的营销方式并不注重消费者对产品的概念、内涵、文化等方面的诉求，而是以直接将自家产品最独特的卖点作为推广目标，让广大消费者能够注意并且记住产品。例如，某一护肤霜品牌，就针对"孕期可用"这一特色进行推广。

16.2　推送技巧——让推文效果更显著

运营者在朋友圈进行软文营销推广时，除了要注意发布的内容以及针对的用户群以外，选择一个合适的发布时间也非常重要。一般来说，最好的选择就是在每天早上的8点半到9点半这段时间进行发布软文。因为在这个时间段，无论是阅读率还是转载率，都是最高的。

实际上，我们在阅读微信公众号时也会发现，比较正规的企业运营号，发布时间都是后台设定好的，几乎都是在早上、晚上的黄金时段或是半夜十二点发布。

不同的软文营销项目和不同的产品选择的软文发布渠道可能不尽相同，商家要视情况而定，可根据自身产品的情况结合软文特点整合几种形式。并且软文的发布时间并非是一成不变的，可以根据平台的特点、特定的环境以及热点事件来调整发布时间。接下来，介绍微信朋友圈内容推送时间的技巧，具体有以下几点。

（1）依作息而定。对不同的营销对象，运营者要采取不同的推送时间，由于微信里很多好友都是自己熟悉的朋友，对于熟悉的朋友们的作息时间，一般都能掌握得比较准确，所以很容易做到因人而异。

（2）数据分析。这一步骤是企业针对不熟悉的好友要做的，这是为了把握好友活动的时间，利用合适的时间进行微信内容推送，效果往往会事半功倍。

（3）按时发布。对于一个想要塑造品牌形象的运营者而言，在保证微信内容质量的同时，最好形成按时发布的习惯。这样能让用户避开那些骚扰信息，定时翻看企业的微信。

（4）杜绝刷屏。要在固定的时间进行软文推送，避免出现刷屏现象，这样只会伤到朋友情谊。

（5）了解社会动态。运营者必须随时关注社会动态，当遇上重大时事政治、社会新闻时，可以根据具体情况调整推送软文的时间。

16.3　塑造价值——互惠互利提高成交量

中国有一句古话叫作"舍不得孩子，套不着狼"，意思是在处理问题的过程中，只有付出一定成本才能获得收获。朋友圈营销也是如此，商户若想赢得客户的信任，就必须做出让利行为。本节将介绍5种价值营销技巧，帮助商家更好地提高商品成交率。

1. 折扣促销刺激需求

折扣促销又称打折促销，是在特定的时期或举行活动时，对商品的价格进行让利，吸引用户的关注，达到促销效果，赚取更多利益。折扣促销有利有弊，它的作用机制以及效应具有两面性。

折扣促销具有显著的优势，它通过提供诱人的折扣，激发消费者的购买欲望，从而实现"薄利多销"的效果。这种促销方式能够显著提升商品竞争力，吸引更多消费者，为商家带来可观的收益。

折扣促销是微信朋友圈里比较常见的销售模式。如果在一定的时间段内，对商品进行打折处理，最好使用限时、限量打折，这样能够快速引起好友的好奇心和注意力，效果往往会更好。

2. 塑造价值放大回报

在营销过程中，商户必须意识到，我们所销售的，看似是商品这个实体，实则售卖的是产品本身所存在的价值。因此，在向顾客推销某些商品的时候，商户们应该仔细询问用户本身的需求，选择一个正确的切入点来推销自己的商品。

那么应该从哪些方面抓住顾客的心理活动，为商品塑造价值呢？大家可从以下3个方面进行把握。

（1）效率高低。

在如今这个讲究效率的社会，能够快速见效的商品往往更受用户的欢迎。时间就是金钱，所有人都希望可以在最短的时间内收到最大化的回报。

例如，培训机构要是打出"一个月掌握新概念英语"或"20节课雅思上6.5分"的广告，会更受家长们的青睐。

因此，如果想让顾客购买商品，一定要将商品的高效率功能体现出来，为商品塑造效率上的价值。

（2）难易程度。

这一点主要针对越容易上手的产品越受欢迎，尤其是高科技产品。由于高科技产品自身的高端性，导致其操作方式比较复杂。

（3）安全性能。

安全对于商品，是一个非常基本的评价标准特别是电子商品。换句话说，这就要求商家所售卖的商品不能对购买者造成任何一丁点儿的伤害。如果商家可以保证产品对人体本身不造成任何伤害，那么商品的成交率就会大大提高。

3. 赠送礼品增加附加值

赠品促销是最古老，也是最有效、最广泛的促销手段之一，人们往往抵挡不住赠品的诱惑而产生的消费行为。

商户们应该从生活中去感受营销，相信大部分人都很乐意接受各种各样的礼物。这样一方面可以感受到赠送礼物的人对自己的情感，另一方面，言语欠妥，突出爱占小便宜的思想，能让接收者产生惊喜感。

4. 限时限量增加紧迫感

限时抢购又称闪购，源于法国网站Vente Privée，最早的闪购模式是以互联网作为依托的电子商务模式。一般来说，开放"限时优惠"活动的时间点，都是在市场相对比较疲软的时候。这段时间可能由于市场货品饱和，导致销售额并不那么乐观。为了刺激消费，商家可以开启"限时优惠"活动。

无论如何，"价格"都是客户们在购买商品时考虑的最基本因素。因此，任何时候，"低价"对用户都有着致命的吸引力。

在进行"限时优惠"的过程中，必须将优惠原因告诉客户，如是为了感谢新老客户的支持，或是针对某个节日等。限时优惠的力度还是非常大的，如果只是一味地降价，可能会引起购买者对商品本身的怀疑。因此，事前告知原因同样可以拉动销售量。

5. 节日促销提高获得感

节日促销是指在传统节日期间，通过节日的良好氛围来制造商机，吸引起用户关注，在短时间内获得良好的传播效果，从而达到促销的目的。

节日促销有助于积累会员。随着生意的不断壮大，可以针对会员进行节日营销，让会员享受到更优质的服务。

节日促销能够带来很多流量，利用这个机会将普通好友转化为会员是非常适宜的，这样在淡季的时候，也会有会员带来可观的销售额。

16.4　广告优化——广告多样化呈现

微信用户在刷朋友圈时，经常会发现本该是好友状态的栏目变成了广告位。一般来说，本地推广广告和原生推广页广告很少单独存在。它们更多的是为了配合小视频广告和图文广告而存在的一种附加形式。

然而，小视频广告和图文广告若不与本地推广广告或者原生推广页广告结合使用，广告的效果就会大打折扣。

因此，商户们在购买朋友圈广告进行品牌或产品推广时，一定要注意自己所选择的广告形式，力求获得最大效益。

具有商业头脑的商户们应该意识到，这些在朋友圈中无法回避的广告，其商业价值是巨大的。每天全国或部分区域有多少人使用网络，就几乎会有多少人看见这些广告。一般来说，这种广告分为以下 4 种类型。

1. 本地推广广告

这种广告模式借助 LBS（定位系统）技术，可以根据店铺位置，将广告推送给距离定位地点 3 ～ 5 千米的人群。

一般来说，这种广告方式最常用于有促销活动的时候，其利用价格优惠与地理位置优势，吸引周边用户前来消费。本地推广广告模式如图 16-2 所示。

图 16-2　本地推广广告模式

2. 原生推广页广告

原生推广页广告，客户只需点击朋友圈中的广告，便可以进入对应的网页。图 16-3 所示为原生推广页广告的示例。

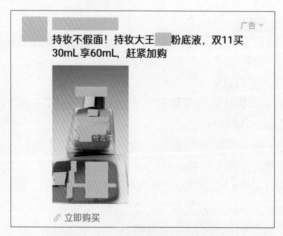

图 16-3　原生推广页广告示例

一般来说，这种原生推广页广告会与其他广告形式一起出现，因为它针对的只是广告携带的链接，而不是广告的具体形式。

3. 小视频广告

小视频广告形式是最常见的，顾名思义，小视频广告就是携带着视频内容的广告，而视频的优势就是可以将广告内容生动灵活地展现出来，如图 16-4 所示。

图16-4　小视频广告

4. 图文广告

图文广告的形式十分简单，和平时发朋友圈一样，图片配文字，同时也可以附带链接。虽然这种形式比较常见，可它的包容性强，内容也可以多样化，如图16-5所示。

图16-5　图文广告

16.5　明星效应——最能带动粉丝消费

当前中国已经进入粉丝经济时代，粉丝文化已经发展得相当成熟。因此，有些精明的老板会邀请一些知名艺人、明星代言产品和品牌，这种做法能够帮助他们获得丰厚的利润。

明星效应已经对我们的生活产生深远的影响。电视上明星代言的广告对我们会产生潜移默化的作用，如提高企业的美誉度、增加产品的销量以及提高品牌知名度等。下面为大家简单介绍明星效应的 3 个作用。

（1）一个水平很高的明星，往往能够带动整个品牌的格调，而在这个文化水平越来越高的社会中，购买者对"格调"这个词是非常重视。

（2）除了普通群众以外，该明星的粉丝绝对会购买产品。他们不仅会自己购买产品，还会带动身边的人一起来购买产品。一传十，十传百，通过口碑传播，来购买产品的粉丝和顾客会越来越多。

（3）明星身上的光环也能够影响运营者的品牌。拥有"某某产品代言人"的头衔能够帮助此品牌提高知名度。

因此，如果运营者们在资金比较雄厚的情况下，可以通过明星效应带动消费人群，特别容易引起粉丝们的强烈关注。

16.6 制造情境——主动营造热销氛围

热销氛围可以让消费者产生从众心理，形成"羊群效应"。当心理学中的"羊群效应"用来描述人类的本能反应时，其实也就是平时所说的"从众心理"。

人们常常随大流，哪怕与自己意见完全相反，也会选择否定自己的意见，跟随大众的方向，甚至放弃主观思考的能力。

例如，我们外出就餐时，如果要临时寻找饭店，一般人肯定会选择一家顾客比较多的餐馆，在我们眼中"生意惨淡"就是"菜品不佳"，"有人排队"则意味着"菜品美味"。这样判断的结果正确与否并不能完全断定，可是跟随众人，正确率通常可以大大提高。因此，"羊群效应"并不是完全没有道理的，大众的经验是可以作为参考的。

如果运营者们有自己的实体店，可以在实体店中拍摄产品热销的场景照片，然后在朋友圈中发布这些热销照片，营造热卖的氛围，吸引消费者的兴趣，充分利用消费者的从众心理。在营销过程中，如果运营者能够合理地利用这种心理，就有可能大规模地拉动商品整体销量。

当然，运营者在售卖某种商品时，也应该定期向朋友圈中的各位好友透露一下已售卖的数量，让顾客感觉商品在被疯狂抢购。如果这种数量能够完全精准到个位时，仅会更加让人觉得可信。比如在朋友圈宣传时，附上这样一个句子："商品上架仅 8 小时，就已经抢购了 56321 件！"这种表达可能会激发顾客的购买欲望，促使他们积极购买。

16.7 巧妙晒单——激发客户购买欲望

不管运营者的营销方式和手段如何发展，都离不开晒单、晒好评来吸引顾客。

运营者营销的目的是提高产品的销量和知名度，树立品牌、口碑及产品形象。本节主要介绍在朋友圈晒单、晒好评的营销技巧。

运营者在公众号、朋友圈、微信群或者微博等平台进行产品营销推广时，除了发布相关的产品营销软文外，还需要配上产品图片和基本信息；为了增加顾客信任，也可以晒一些成功的交易单或者好的评论。但是在晒单过程中有两个问题需要注意，那就是适度和真实性。

（1）产品营销广告要适度。

在晒单的过程中必须适度，因为不管在哪个营销平台中，无谓的刷屏是人们十分反感的，所以万万不能犯了这一营销之大忌。但对于运营者来说，晒单其实是非常有必要的，任何人看到大量的成交量都会对商品本身产生心动和行动，只是我们需要把握好尺度。

（2）产品信息的真实可靠。

在单据上必须显示真实的信息，以诚信为本，否则会让消费者认为我们不诚信，从而产生排斥情绪。

从营销的角度来说，适度地晒一些交易单之类的营销信息，可以大大刺激消费。那么晒交易单究竟有些什么好处呢？一是适度晒单可以让买家们放心，增强买家对运营者的信任感；二是可以吸引客户的好奇心，激发他们对产品产生兴趣。

关于晒单还有一个小妙招，在一张照片中，运营者可以放上几个快递单，并且将它们叠加起来再拍照，尽量将照片数量凑成 9 张，并且强调这是一天或是两天里发出的产品数量。这样就会让消费者们觉得，这家店的产品真的非常受欢迎，激发他们的购买欲望，从而在某种程度上提升销量。

16.8　会员制度——获得一批忠实用户

在实体店铺中，办理会员卡已经是一种非常普遍的现象，几乎每家实体店都设有会员制度。

一般来说，办理会员卡有一个基本的门槛，也就是说，客户一定要在店铺内购买到达标数目的商品才可以入会。

那么，会员制究竟有什么优点，值得众多店铺纷纷开始这项业务呢？接下来为大家进行详细介绍。

1. 提高顾客的忠诚度

在办理会员后，店铺会有一系列针对会员所进行的折扣和优惠活动。价格上的优惠会使顾客们经常光临这家店铺。久而久之，这些会员就发展成了老客户，对店铺的忠诚度也会越来越高。

2. 促使商家与顾客进行交流

会员制可以使商家和顾客不断地进行交流。一方面，商家经常会给用户推送广告信息、新品上市信息、会员折扣日等资讯；另一方面，客户也可以直接向商家反映购物中遇到的问题和建议。

3. 吸引新顾客

办理会员卡所带来的优惠政策除了让老客户满意外，同样也会吸引新客户。例如，一位女士去服装店买衣服，结账时销售人员告诉她，她所购买物品的总价超过了 500 元，店里可以免费给她办一张会员卡，办完之后立即享受，所有的衣服 8 折优惠。

显然，这位女士很可能会办这张会员卡，成为会员之后，优惠政策又会使她一次又一次地选择这家店进行购物，逐渐成为老客户，形成良性循环。这就是会员制的聪明之处。

淘宝应该是线上店铺中最早实行会员制的平台，现在朋友圈营销也开始实行这种制度，为微信朋友圈营销的长远计划添砖加瓦。

4. 刺激顾客消费

办理会员最直接的好处就是享受店铺的优惠政策，不过这些优惠政策一般设有门槛，比如，消费满多少金额之后再打折；或是积分制，用卡内积分加上附加的金额来换购价值更高的商品。

这样的方式看似是在帮顾客省钱，实则商家只是让利一点点，就能吸引更多消费，获得更大的利益。折扣刺激顾客消费，为了达到打折或是积分换购的要求，顾客可能会去购买一些本不在购物清单上的商品。

16.9　寻找分销商——拓展销售空间

首先了解一下，什么是"分销"。分销是指某家企业与用户之间相互合作的营销战略，已经形成了完整的线上与线下购买平台，为顾客提供一系列销售服务。

相对于代理商等其他形式的合作来说，分销商的工作更灵活，也更自由。他们不需要仅仅为一家企业提供服务，只要愿意并且有足够的空闲时间，他们可以接无数个品牌的营销，不受任何公司与个人的限制。

因此，分销是一种相对自由的工作方式。运营者在进行朋友圈营销的过程中，其实是可以从老客户或是大客户中发掘一些分销商。他们不用对企业负责，只需对运营者本人负责，而且，工作强度适中，不会影响日常休息或工作时间，还能利用闲暇时间赚一些额外收入。

对于运营者来说，当销售走上正轨之后，也需要像实体店铺一样，请一些销售人员协助料理店内事务，因为一个人要面对如此多的客户，工作强度确实很大。而且分销商还能通过自己的朋友圈中带来并发展一些新客户。只有不断发展壮大销售团队，才能拉动销量，使企业有更大的发展空间。

因此，运营者在营销过程中，不仅要不断地发展新粉丝，还要学会挖掘粉丝的潜在价值。将目光放长远一些，把个人利益与粉丝利益捆绑在一起，为个人业务寻找更广阔的发展空间。

16.10　社群营销——值得探索的营销模式

社群营销并不是简单地建立一个群组就能成功进行营销活动，而是需要掌握社群营销的关键点，才能逐步地使社群营销走向成熟。本节介绍社群营销的方法。

1. 发红包

发红包对于人们来说是一件喜庆的事情。例如，在某些节日，长辈会给晚辈发红包，或者是老板发红包给员工表示鼓励，或是结婚时发红包活跃气氛，讨个好彩头等。随着社会的发展，发红包开始与互联网结合，内容也越来越丰富。

"发红包"已经变成了"抢红包"，而微信群也成为"抢红包"的理想场所。由于微信的便捷性，更多的社群成员希望参与进来，享受在社群中"抢红包"的乐趣。

如今，红包已经成为企业利用互联网吸引用户、进行营销的普遍手段虽然微信不再独占市场，但是能吸引企业利用微信红包来活跃社群的气氛。运营者、自媒体人士也可以通过微信红包进行产品营销。

2. 塑造品牌

运营者通过朋友圈这个社交平台进行社群营销时，需要注意5个方面的问题：一是要有自己的独特见解；二是要详尽介绍产品信息；三是要学会与用户互动；四是要学会分享干货；五是要传递正能量，树立良好口碑。

3. 运用团队

运营者们通过微信社群进行产品营销时，需要运用团队的力量。也就是，运营者在群里发布产品信息时，一定要有团队成员捧场、提升人气、进行宣传，以活跃群内的气氛，激发大家对你的产品感兴趣，从而让顾客产生购买行为。

4. 微信社群管理

微信社群需要运营者精心管理，才能取得良好的营销效果。以下是微信群里的运营方式。

（1）内容运营。针对社群的定位，每天发布1~5条固定内容。以微信打折购物群为例，每天发布 3 条以特价商品为主的内容。

（2）活动运营。鼓励用户在群里与有共同兴趣爱好或话题的人交流，每天可以找热点话题讨论；定期开展讲笑话、猜谜语、智力问答等小游戏；与官方活动同步开展微信活动。

（3）会员运营。积极与群内活跃成员沟通，使其参与内容发布，带动其他会员参与；设立类似群主的职位，在运营者不在的时候让其协助维持群内秩序。

（4）微信群矩阵。建立多个微信群和公众号，互相推广，使粉丝效用最大化，让社群成员主动变成运营者的推广专员。

第 17 章

10 种增粉渠道，快速引爆高人气

学前
提示

> 对于运营者而言，要想在朋友圈中获得人气，拥有更多的好友和粉丝，就需要增加自己的曝光率，将焦点引导到自己的产品上。充分挖掘微信扩展朋友圈的功能，有助于吸引更多粉丝的关注，让自己的好友越来越多。本章主要介绍微信朋友圈吸引粉丝和引流的各种实用方法。

要点
展示

> ➢ 引起注意——用自身实力圈粉
> ➢ 发布链接——通过广告提高存在感
> ➢ 一步到位——塑造口碑，培养粉丝
> ➢ 聚集人气——两种实用的吸粉技巧
> ➢ 主动搜寻——利用特色功能吸粉
> ➢ 有针对性——制作用户喜欢的内容
> ➢ 大号互推——各取所需，实现共赢
> ➢ 学会分享——用真诚打动用户
> ➢ 用户至上——抓住客户，提高黏性
> ➢ 其他渠道——多平台建立媒体矩阵

17.1　引起注意——用自身实力圈粉

运营者在朋友圈进行营销活动时，由于一些不恰当的刷屏行为，常常会受到朋友圈好友或粉丝的排斥、屏蔽、拉黑，这不仅使营销活动大打折扣，还会影响与好友建立的情感。本节主要介绍建立相互信任、打造良好朋友圈营销氛围的方法。

1.　用高颜值来吸睛

大部分人都喜欢欣赏高颜值的事物。对于与陌生人交流，颜值甚至成了一把利器。通过展现高颜值，运营者还能吸引到大量的粉丝和追随者。因此，作为运营者，除了发布产品广告外，还应多在朋友圈分享自拍照、旅行照等，以展示自己帅气或甜美的形象，这样不仅能够吸引众人的关注，还有助于塑造个人品牌形象。

2.　呈现个人学识

俗话说："光说不练，假把式。"在朋友圈中，运营者不仅要让客户看到自己的远大理想和奋斗目标，更要让好友看到自己的成功和努力，知道自己是一个有真才实学、能给身边人带来益处的人。

运营者在朋友圈中可以分享一些成功的案例，可以是自己的，也可以是自己带领的团队的，还可以将朋友圈的背景墙设置为富有学识和知识层次感的图片，如图 17-1 所示。

健一生身，看十部影，摄百张片，读千卷书，行万里路。

图 17-1　将朋友圈的背景墙设置为比较有学识的图片

3.　呈现个人格调

一个有眼光、有品位、有格调、有魅力的人，更容易被人喜欢、追逐。因此，朋友圈不要发低俗不雅的信息，而要发有一定品位格调的、源于生活又高于生活的内容，让客户觉得你是一个具有高尚人格魅力的人。

当然，运营者也需要经常去参加一些培训机构组织的培训课程，只有自己进行不断的学习、充电，才能不断进步，同时，把自己学习理解到的知识、技巧分享到朋友圈中，既能给团队、代理做一个学习的榜样，也能让客户看到你的成功、你的真才实学。

17.2　发布链接——通过广告提高存在感

平时在刷朋友圈时，除了个人编辑的内容外，还能看见许多被分享至朋友圈的文章链接。

一般来说，由公众号分享过来的内容是最多的。很多时候，由于好奇心或对文章本身的内容感兴趣，微信好友们会选择阅读全文。

在整篇文章的底端，有时会有一些广告位，这些广告一般都是一些微信公众号，甚至是微店的广告，用户可以直接点进去并且关注这些商家，如图 17-2 所示。

图 17-2　发送至朋友圈的公众号文章

17.3　一步到位——塑造口碑，培养粉丝

运营者们想要在微信朋友圈中更好地营销，就需要使用一些小窍门来打响企业品牌，比如赠送优惠的礼品、用户之间的口碑推荐等，为品牌树立良好形象。本节介绍塑造口碑和培养粉丝这两种方法。

1. 塑造口碑

口碑的打造需要粉丝的努力，主要是粉丝在认可产品、品牌的基础上，心甘情愿地推荐给身边的人，从而形成口碑。一般来说，形成口碑的主要途径如下。

（1）朋友圈：微信粉丝将产品或品牌内容，即时推送到自己的朋友圈。

（2）信息流：将传播内容上传到信息流栏中，随时监测并传播内容。

（3）礼品赠送：将产品作为赠品，由传播者赠送给接收者。

赠送礼品是树立产品好口碑的有效途径。因为用户很多时候在乎的是实际利益，如果运营者在朋友圈中营造了赠送礼品、优惠券、折扣等良好的氛围，那么用户自然而然地就会主动帮忙宣传产品，传播品牌。

不管怎样，只要用户愿意主动创造口碑，自觉地将产品介绍给身边的亲朋好友，对产品和品牌进行宣传和推广，那么用户"智造"无疑是成功的，同时还为商家成功地进行了有效传播。

2. 培养粉丝

在朋友圈培养铁杆粉丝的过程中，可从以下两个方面出发，一步一步地进行铁杆粉丝的培养计划。

（1）聆听用户心声，与用户互动，耐心地与用户对话。只有这样，粉丝才能感受到被尊重，提升用户体验。

例如，荷兰航空公司跟踪在机场签到的粉丝乘客，在登机的时候给顾客送上一份个性化的礼物，从而彰显出荷兰航空公司一直关心它的乘客，让乘客有好的体验，让粉丝对其更有好感。

（2）从粉丝需求出发，通过奖励提升粉丝活跃度。分析粉丝需求、制订奖励计划，送上用户需要的礼品，这样能极大地增加粉丝的关注度，进一步巩固粉丝留存率。

培养铁杆粉丝的两个方面，都是以粉丝的体验为目标，让粉丝拥有一个好的体验才能触动粉丝的内心，促使粉丝心甘情愿地留在运营者朋友圈中，提升粉丝的忠诚度。

17.4　聚集人气——两种实用的吸粉技巧

所有的营销必须有人气，否则都是空谈。善于营销的人会脚踏实地，从整合身

边已有资源开始，充分挖掘、运用好已有的人脉资源。例如，手机通讯录是我们的第一大现有人气资源，要充分转化好。本节将介绍两种吸粉引流的方法，帮助大家快速聚集朋友圈人气，打造客户基础。

1. 通过手机号码聚集客源

在这个以手机为主要通信工具的时代，手机通讯录相当于人的社会关系的一个缩影，它是人的各种社会关系的具体表现，包括亲人、好友、同学、领导、同事、客户等，少的有几十人，多的有上百人，人际关系发达的估计有上千人。

特别是使用同一个手机号时间越久的人，里面储存的人际资源就越多。俗话说"创业需要第一桶金"，而在如今人气就是财气的网络时代，我们需要第一桶"人气"，而最好的人气资源就是我们的手机通讯录。

如果用户手机通讯录中有很多电话号码，此时可以通过微信服务插件，将通讯录中的号码全部添加至微信列表中，使其成为微信朋友圈中的一员。

2. 通过扫码快速添加微信

在现代社会，微信二维码已经成为个人名片，只需轻轻一扫就能与对方成为好友，亲近对方的生活。从营销的角度来说，二维码是大家出门时必不可少的东西，可抓住一切时机与所有具有购买潜力的人互加好友。

现如今，二维码在营销运营中也具有十分重要的作用，它是作为服务和产品流动的"加速器"存在的，能轻松地完成营销过程中线上与线下的闭环。这一功能是由其自身的属性和特点决定的。

在线上与线下的营销闭环过程中，一方面，企业或商家可以通过二维码来达到引流的营销目的；另一方面，企业或商家也可以通过线上的二维码扫描获取相关信息，方便用户在线上消费或将其引流到线下消费。

无论是从线下到线上的引流，还是从线上到线下的引流，都可以通过微信的二维码扫描来实现。而在微信的朋友圈服务插件中，用户可以通过微信的二维码扫描来添加好友，扩展朋友圈。

17.5　主动搜寻——利用特色功能吸粉

在微信页面中，有两个十分新颖的功能，分别叫作"附近的人"和"摇一摇"。作为运营者，应该敏锐地发现并利用这两个功能吸粉。

1. 借助"附近的人"扩大客源

"附近的人"可以定位你当前的位置，并且自动搜索周围同样开启了此功能的微信用户，继而可以发送添加好友的邀请。

当我们的位置发生变化时，"附近的人"列表也会相应变化。从营销的角度来说，这是一个非常适合大规模添加用户的机会，可以将他们发展成自己的客户，进而获得更多利润。

当然，在添加好友之后，一定要记得经常和这些微信用户沟通交流，保持较熟悉的关系，给对方留下一个好印象。

个人认为，要想长期留住通过"附近的人"添加的好友，必须做好以下3件事。

（1）我们不能加了好友之后立马就开始推销产品，这样只会让对方觉得你诚意不够，只是为了打广告，可能还会在你广告信息传过去的时候就立马把你拉黑。凡事都要讲究循序渐进，新添加的好友应该先礼貌地打招呼，并且多在朋友圈中进行互动。

（2）运营者应该学会展示自身的魅力，给新好友留下深刻的第一印象。这种魅力的展示最好留在朋友圈里，让对方作为客观的第三者来判断。魅力是装不出来的，它需要大家在生活中不断积累，多读书、读好书，有相对高雅的艺术欣赏水平，而不是依赖心灵鸡汤。

（3）最后一点，与前两点相比就比较直白——在自己的签名栏里加上广告语。其优点是，不管对方有没有通过你的好友请求，他都潜移默化地记住了你所销售的东西，能产生一定的广告效应。

2. "摇一摇"随机获取空闲用户

"摇一摇"是一个十分有意思的交友功能。当你打开这个功能并摇晃手机时，手机系统将为你推荐和你同一时段摇动手机的用户。

运营者如何利用这一功能实现增加朋友圈客户数量这一目的呢？通常来说，有两种方法可以供大家借鉴。

第一种方法比较笨，但是几乎零成本。通过不断地使用"摇一摇"功能添加用户，和对方主动沟通交流。

第二种方法速度比较快，可是需要大家付出一些成本。运营者可以通过举办活动，增加参加"摇一摇"活动的人数。下面以一个公众号为例详细介绍这种营销方式。

国内某个知名的珠宝品牌在七夕节时，发起了一个"摇一摇"活动。该商户要求所有参加活动的用户在同一时间使用"摇一摇"功能，后台会在参与的用户中随机选择幸运观众来赠送品牌珠宝和小礼物。在参与活动前用户必须关注该品牌的微信公众号。

17.6 有针对性——制作用户喜欢的内容

打造良好的朋友圈营销氛围，除了营销之外，运营者还需要能够留住用户。因此，制作用户喜闻乐见的内容是必不可少的。

很多运营者认为，内容制作只是简单地向用户提供文本、图文、音频、视频等形式的信息就可以了。实际上，留住用户的前提条件是为用户创造和分享优质的内容，必须是用户喜欢的。因为只有这样的内容才能满足用户需求，并提升用户的活跃度，促使用户成为朋友圈营销的目标用户。

对于运营者而言，不同类型的内容价值也不同。例如，用户提供了评论产品的相关内容，运营者就可以从中吸取精华，用在产品改善上；用户提供娱乐类的内容，运营者就可以记住内容中的特点，查找相关内容，并发送到朋友圈中，来吸引朋友圈用户的注意力。

运营者在朋友圈中发布内容时，需要从以下3个方面进行考虑。

（1）内容度：内容中讨论和评价品牌所占的篇幅。

（2）影响度：内容带来的营销效果、传播效果以及转化价值。

（3）相关度：内容与企业品牌或业务情景的相关性比例，即相关性。

在朋友圈中，内容需要有标签，标签就是一种标注内容属性、关键词的工具。运营者通过标签进行过滤、聚合，快速找到用户所需的内容，从而提高用户查找内容的效率。

17.7 大号互推——各取所需，实现共赢

通过爆款大号互推的方法，即微信号之间进行互推，可以建立微信号营销矩阵，强强联手实现共赢。

运营者应在朋友圈中进行微信号互推，让好友将自己的微信号推荐给大咖。商户在采用微信号互推吸粉引流的时候，需要注意的一点是，找的互推微信号销售的产品类型尽量不要与自己的产品相同，因为这样营销人员之间会存在一定的竞争关系。两个互推的微信号之间尽量存在互补性。

例如，你的微信号是销售护肤产品的，那么你在选择互推的微信号时，就应该先考虑找那些销售补水仪等仪器类的微信号，这样获得的粉丝才是有价值的。

微信号之间互推是一种快速涨粉的方法，它能够帮助商户的微信号在短时间内获得大量的粉丝，效果十分可观。

17.8 学会分享——用真诚打动用户

在微信朋友圈中，运营者除了发布产品图片和基本信息进行营销以外，为了赢得客户信任，也可以分享一些工作内容、工作环境、工作进展等信息，这些都是运营者增进与顾客关系的重要情感工具。本节介绍运营者在营销时能分享的内容。

1. 分享工作背后的苦楚

在大多数人眼里，朋友圈运营很轻松：不用早起上班打卡，坐在家里看着电视、吃着零食，一边照顾小孩，一边敷面膜，一边向客户卖产品，然后在朋友圈发几条产品信息。

似乎在朋友圈做运营既光鲜又能轻松赚钱，但实际上很少有人知道运营者背后的努力和付出：经常因为家人不理解而受到责备；每天要寄上百个快递，光写快递单就能写到手软；深夜还要参与团队培训学习；从上级拿产品，给产品拍照片、修照片、发朋友圈，进行代理培训。

商户在朋友圈营销中，平时除了在朋友圈中发产品图片和信息外，还可以偶尔跟客户诉苦，将自己拿货、发货、深夜培训的照片分享在朋友圈中，让客户看到一个努力认真地为这份事业打拼的运营者，在向客户展现认真工作态度的同时赢得客户的信任。

2. 分享奋斗激情

生活不仅有辛苦，还有为梦想奋斗的无限激情，要想获得客户认可，就要有可以激励人心的感染力。

运营者可以在朋友圈中分享自己或团队积极乐观、拼搏上进的内容或成功案例，鼓舞士气，潜移默化地增加客户信任。

3. 分享营销资质

在同类产品中，要让客户信任并购买你的产品，首先要保证产品品质，建立良好口碑。

运营者应分享产品相关新闻、明星代言、质检合格证明等信息至朋友圈，有图有真相，才更有说服力。

4. 分享运营团队

现如今在朋友圈做运营通常不是个人行为，背后往往有强大团队支持。运营者们团结互助，才能促进团队的强大，团队越强大，在自明星道路上才能走得越长久。

在朋友圈中分享自己团队成员、团队培训、团队上课等一系列活动的照片，让客户了解你所从事的事业知识和销售的产品背后都是有团队支持的，让客户产生信任感。

5. 分享团队增员

俗话说："耳听为虚，眼见为实。"要吸引更多人加入团队，运营者需分享新进代理名单、合照、与新代理加入团队时的聊天记录截图等，让原本还处在观望状态的、有意向的客户或朋友圈好友下定决心，加入你的团队。

如果运营者直接将与加入团队的新成员的对话进行截图展示，客户看到之后就会觉得该运营者的团队能吸引这么多人加入，应该是非常有实力的。

6. 分享体验效果

在朋友圈中分享体验效果截图，可以增加可信度。运营者也可分享使用产品的过程体验，引导客户购买产品或服务。正面体验的一致可促使客户再次购买，获得认可。

7. 分享心得体会

站在巨人的肩膀上，可以离成功更近。人们总喜欢看成功人士的演讲，阅读他们取得成功的故事，这反映出人们内心对成功的渴望，希望能从中得到启发或者找到成功的捷径。

而运营者从走上运营道路开始，每个人的收获都不一样，心得感悟也各不相同，所谓"前人栽树，后人乘凉"，这句话不是没有道理的。运营者在朋友圈中可以多分享一些营销的心得感悟，这些内容对于刚入门的或准备做朋友圈运营的人可能产生不同的启示，从而使他们有所收获。

在朋友圈中运营者通过分享心得感悟，能让潜在客户了解自己的运营代理，还可刺激更多人加入自己的团队。

17.9 用户至上——抓住客户，提高黏性

客户是营销活动的终极目标，整个营销过程应以客户为中心进行运营。任何运营者都应记住，自己做的是长期营销而非短期推销，不能存在"卖完东西就拍拍屁股走人"的想法。

营销的核心在于不断积累新客户并发展老客户，确保店铺生意持续繁荣。当然，在销售过程中，运营者也可能会遇到不想要购买商品的客户，对于这些客户，也不应忽视，而应循序渐进地引导他们，逐渐将其引入生意圈。

1. 抓住客户痛点，解决痛点

运营者需发现客户需求并解决其痛点，以此抓住客户。例如，在朋友圈销售产品时，必须解决大部分客户的需求问题，客户才会产生购买意愿。

在客户咨询前，首先要与客户进行沟通，了解他们需要解决的问题，并推荐合适的产品，真诚地从客户角度出发，赢得信任，使其成为忠实用户或粉丝。

2. 多进行互动，增强客户黏性

在朋友圈营销中，为了与微信好友建立稳固的关系，运营者应积极与好友互动。通过提高自己的存在感，关心核心好友，其中点赞加评论是最有效的方法之一。

利用微信点赞功能，可以让好友记住自己，同时获得被好友关注的机会，原理是"先付出，再回报"。

看到好友聚会很开心，评论一下，分享快乐；看到好友发看电影的状态，可以讨论剧情，这有利于互动交流；看到好友晒体重，无论是长胖了还是变瘦了，都可以评论关心一下；还有看到朋友圈发表对于未来的期待和自我激励的状态，应及时点赞，以示支持和鼓励，好友看到后会感到欣慰。

运营者可以通过这种互相分享喜悦和难过的方式，逐渐与对方建立友好关系，使双方成为无话不谈的好友，为店铺未来的发展打下坚实的基础。

3. 以感情为基础，打动用户的心

运营者在进行朋友圈营销的过程中，如果只是循规蹈矩地发一些无趣的广告内容，会很少有人愿意看。但是，如果能将广告内容加以修改，添加一些可以吸引人的元素，就可能让顾客抽出时间来读完整个广告。

一般来说，最能引起客户注意的话题自然就是"感情"。用各种能够触及心灵的语句或内容来吸引别人，就是所谓的情感营销。

在当今社会，随着物质生活的不断丰富，人们在购买商品时不再那么看重产品本身的质量与价格了，而是更多地追求一种精神层面的满足和心理认同感。

情感营销能利用客户这一心理，对症下药，将情感融入营销中，唤起购物者的共鸣与需求，使原本冰冷的买卖行为变得有温度。

4. 增强客户体验感，消除购买顾虑

很多时候，顾客不愿意购买微信朋友圈运营者推荐的商品，主要是因为不信任，对他们所描述的内容持有怀疑态度。这时候，运营者必须明白，当对方不相信你所说的一切的时候，即使你说到口干舌燥，对方可能还是不会相信。

那么，我们如何才能让客户不再怀疑并相信所有的描述呢？当然是直接拿出实质的物品来取代空洞的词汇——用商品本身的功效来证明产品描述的正确性。准确地说，就是增强客户的体验感。如何增强体验感呢？直接拿实体店来举例吧。

体验式的店铺除了能让顾客了解功效，打消顾虑以外，还能增加顾客的体验感，包括商品使用的体验感和购物的体验感。

当然，微信朋友圈的营销没有办法制造出购物的体验感，这非常遗憾。但是，运营者可以尝试增加商品使用的体验感。对于化妆品、零食等可以拆分的商品，增加用户的体验感相对简单，比如直接送对方一些商品小样，让他们先感受一下功效，如果好用，他们自然会选择购买。

对于那些较大件的商品，特别是电子产品，能否提供体验呢？其实是可以的。最好是针对诚信意识较强、购买意愿较大的客户。让对方先交一定的押金，再将商

品寄给他们试用。这种行为并不奇怪，现在已有很多卖耳机的商家采取这样的方式来推销自家产品。

17.10　其他渠道——多平台建立媒体矩阵

除了微信以外，网络上还有很多社交平台。做朋友圈营销的人，应该将眼光放长远，不能仅仅局限于朋友圈，而应该想尽办法认识更多的人，与对方建立联系，不断地挖掘他们身上潜在的购买力。

这就要求运营者通过其他社交软件与客户沟通，提高自己店铺的人气，通过平等的沟通与客户建立友谊，为自己生意的长远销量打下牢固的基础。

那么，这些沟通的渠道有哪些呢？除了微信以外，还包括 QQ、微博等社交媒体平台。

1. QQ

QQ 是大家最常用的社交工具之一，拥有中国最大基数的用户，是一个很好的吸粉平台。由于 QQ 和微信同属于腾讯公司，两个软件之间可以互相沟通，比如在 QQ 空间中发的状态可以直接同步到微信朋友圈中，这样既节省时间，又能将广告推送给更多人看。

当然，商家使用 QQ 的主要目的是和购买者发展更好的关系。其实，建立 QQ 群就是一种很明智的方式。QQ 群是可以分类的，而且也可以放到网络平台向公众开放，大家可以根据自己的喜好点击加群，如图 17-3 所示。这样就能汇聚天南地北有共同兴趣爱好的人，然后慢慢地与他们发展关系，最后将他们拉入客户群。

2. 微博

微博是国内最热门的社交平台之一，群众活跃度很高。近几年，许多社会新闻都是通过微博披露的，人们能够感觉到微博用户的力量日益强大，对社会的影响巨大。与微信、QQ 等聊天软件相比，微博更加公开透明，有共同语言的朋友可以互相关注并交谈。

如果商家想要在微博上交友，最好是将自己的账户发展成大 V，来吸引更多的粉丝关注，从而提高自己的人气，同时也可以提高店铺的人气。

一般来说，微博账号想增加粉丝，通常有两种办法。

第一种是靠自己，多发有意义的内容，凭借自己的头脑和文笔吸引别人的注意。比如耳帝，专门为他人科普音乐性质的知识，在流行音乐界有一定的地位，大家都愿意相信他，吸引了众多粉丝，因此可以接一些广告；又如博物杂志，是专门写生物科普的博主，博学多识，风趣幽默，经常为大家排忧解难，当然他本身就是卖科普类杂志的，这样一来二去，吸引了众多粉丝，杂志的销量也被有效地拉动了。

图 17-3　查找 QQ 群的界面

　　第二种是参与高人气博主的微博讨论，抢热门评论引起对方粉丝的关注，进而吸引粉丝关注，获得大批追随者，如图 17-4 所示。

图 17-4　抢热门类博主

　　不管采用哪种沟通方式与客户做朋友，最后的结果都是为了使商家生意更兴旺。因此，一定要想尽办法让这些朋友与商家交换微信，挖掘他们身上的消费潜力，提高商品销量。

第18章

10种致富手段，财源滚滚而来

新媒体时代将人们的生活带入了一个崭新阶段，朋友圈的营销也渐渐进入了一个全盛时期。对于朋友圈运营者、网红、自媒体明星来说，微信运营的最终目的是赚取利润，实现品牌盈利。因此，掌握多种赚钱的模式是必不可少的。

学前提示

要点展示

> 广告盈利——最理想的盈利之道
>
> 打造成网红——我为自己代言
>
> 短视频盈利——短小而不失趣味
>
> 社群盈利——创建微信社群盈利
>
> 回访盈利——增加客户下单率
>
> 渠道盈利——发展自己的代理商
>
> 批发盈利——批发式营销盈利
>
> IP盈利——打造特有的IP品牌
>
> 活动盈利——提高商品成交率
>
> 内容盈利——稳定且可持续

18.1　广告盈利——最理想的盈利之道

自明星在朋友圈中创业的成本相对较低，因此现在越来越多的人通过自明星的模式进行朋友圈创业，自明星也越来越受到年轻人的追捧。当然，自明星进行的一系列宣传、推广活动，最终目的都是吸粉引流，赚取利润。

自明星在拥有一定粉丝基础后，会获得超高的人气。商家会邀请这些自明星为产品代言，并通过录制广告视频在媒体平台上进行宣传。利用自明星的粉丝流量，商家能够提高产品销量和扩大品牌知名度。同时，自明星也能通过广告盈利获得一定的收益，实现商业价值。

例如，《陈翔六点半》是一档爆笑网络迷你剧节目，它凭借幽默深刻、情节反转、短小精悍等特色走红网络，在多个平台拥有上百万的粉丝。并且，其与艾美特合作推出了视频广告——《吹啊吹啊我的心机放纵》，将自己的风格融入品牌产品中，结合搞笑的视频内容，增加了艾美特的知名度，同时也使得《陈翔六点半》通过广告获得盈利。

18.2　打造成网红——我为自己代言

通过其他新媒体平台、短视频平台等，运营者可以将自己打造成网红，不断吸粉引流，当粉丝达到一定数量时，建立自己的品牌，将粉丝引入微信平台中，通过微信朋友圈等，大力推广自己的产品或品牌，赚取利润。

1. 形象代言人

形象代言人是一些明星、商界大腕、自媒体人等人物 IP 常用的盈利方式，他们通过有偿帮助企业或品牌传播商业信息，参与各种公关、促销、广告等活动，促成产品的购买行为，并使品牌建立一定的美誉度或忠诚度。

2. 出演网剧

对于那些拥有一些表演、唱歌等才艺的自明星来说，向影视剧、网剧等方面发展，也可以获得不菲的收入。例如，《万万没想到》已经从单纯的网剧发展成大电影——《万万没想到：西游篇》。这部电影其实在开播前就已经在赚钱了，它通过植入广告、网络发行等各种手段收回了 3000 多万元成本，上映后还创下了两天 1.1 亿元票房的纪录。

当然，拍网剧的要求比较高，大部分网红、自明星还停留在微电影的阶段。其实，也可以在宣传时将"微"字淡化甚至去掉，这样就变成拍电影了。自明星基本上都是这样宣传的，同样也可以得到粉丝的追捧。

18.3 短视频盈利——短小而不失趣味

短视频，顾名思义，就是时间比较短的视频。视频是一种影音结合体，是能够给人带来直观感受的一种表达形式。随着移动设备端、移动互联网、社会化媒体的兴起与发展，短视频开始频繁地走进大众的视野。短视频的兴起以第一个短视频的产生为基础，其发展也是依靠短视频应用的出现。我们了解国内短视频的发展历程，主要是以美拍、抖音为代表。

短视频行业的蓬勃发展，让短视频这一形式也变得热门，越来越多的人在朋友圈中发布短视频，运营者可以利用这一方式在微信朋友圈发布、宣传产品，不仅可以博得朋友圈好友的好感，还能宣传自己的产品，如图18-1所示。

图18-1 某运营者上传在朋友圈的短视频

18.4 社群盈利——创建微信社群盈利

微信群是相对私密且内敛的社交平台，几年前，微信群主要是一些好朋友或小圈子的聚集地。而现在很多朋友圈运营者、网红、自明星都会建立自己的微信群，来维护与粉丝的关系。通过在微信群中不断交流，可以拉近与顾客、粉丝之间的感情与距离。

微信群有一个显著的特点：免费。单单建立微信群不需要任何费用，只要在微信里有朋友，就能免费建群，实现轻松盈利赚钱。

发红包能够快速活跃社群氛围，如果想要充分利用"抢红包"这一手段，需要注意以下几方面问题。

（1）让用户尽可能成功地抢到红包。

（2）发红包要迅速，避免让用户左等右盼，从而丧失耐心。

（3）发红包要有金额限制，以免影响利润。

18.5　回访盈利——增加客户下单率

不论是新客户还是老客户，只要是对我们的产品有意向或者感兴趣，我们日常都要多回访。对于新顾客，多回访可以增加他们的下单率；对于老顾客，多回访可以表现出对他们的重视，让他们感到自己的重要性，发挥老顾客的消费潜力。

由于微信好友的数量庞大，以及工作强度的日渐增加，经营当中难免会遇到一些问题。在这种情况下，店家受到用户的抱怨也是在所难免的。此时，运营者应该重视客户的每一次反馈，用心倾听他们所提出的问题与建议，并进行回访，如图18-2所示。

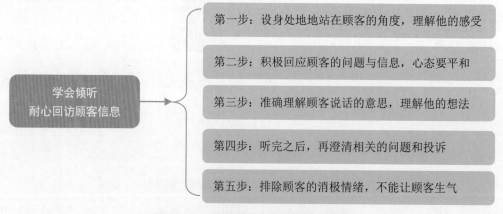

图18-2　多进行回访才能增加下单率

对客户进行回访时，会收到不同的问题，这些问题能不能得到系统的解答和解决，是决定客户是否继续信任店铺的关键。因此，运营者应该认真地对待客户的每一次反馈，并将这些内容分门别类，具体问题具体分析，仔细解决所有的问题。

一旦商户没有妥善处理客户提出的问题，或是完全忽视这些问题，就会导致客户流失。小问题可能引发大后果，如果总是因为忽略问题而失去客户，最终生意可能会失败。

因此，为了防止这种现象发生，商户应该从源头解决客户不满意的问题，用心聆听对方的意见，认真对待每一条反馈信息。

18.6 渠道盈利——发展自己的代理商

朋友圈运营是一种营销渠道，而发展代理商，是指通过代理商来打理生意，代理商从中赚取运营者的代理佣金。如果将运营者比作一个企业，那么代理商就相当于企业中的销售员。销售员越多，企业产品的销量就越高，利润也就越大。

运营者选择好一款产品后，要通过不同的媒体平台不断地吸粉引流，然后每天都在朋友圈展示收益、客户转账等信息图片，这样能很快吸引其他代理商帮你卖产品。只要运营者的产品质量高、口碑好，就会有很多人愿意在朋友圈代理你的产品。发展代理商是一种极佳的盈利方式。

对运营者来说，当销售走上正轨之后，也需要像实体店铺一样，聘请一些销售人员帮忙处理店内事务，因为一个人要面对众多的客户，工作强度确实很大，而且代理商还能从他的朋友圈中带来并发展一些新客户。只有不断发展、壮大销售团队，才能提升店铺的整体销量，为企业创造更大的发展空间。

运营者在朋友圈发布招募代理商的信息，有些直接在正文中说明招募代理商，有些是在地址栏中显示招募信息，朋友圈招募代理商的门槛很低，只要你具备营销、赚钱的意愿，也愿意付出努力，就可以成为朋友圈的代理商，如图18-3所示。

图18-3 运营者在朋友圈发布招代理商的信息

18.7　批发盈利——批发式营销盈利

在朋友圈从事运营工作，其利润要比开实体店的高，因为节约了很多硬性开支，如门店租金、店铺装修、人力成本等。因此，朋友圈的产品价格也非常实惠，同品牌、同质量的产品，在性价比上朋友圈的会更高一些。

如果运营者的品牌做得比较好，就会有很多其他微店或淘宝店主找运营者批发产品，一次就拿几十件甚至几百件，而且会成为长期客户。这种批发式购买力度非常大，所以批发式营销也是运营者盈利的重要渠道之一。

18.8　IP 盈利——打造特有的 IP 品牌

打造 IP 品牌的核心在于内容，因为吸引粉丝主要靠内容。能够沉淀大量粉丝的自明星除了拥有优质的内容外，还有一些共性特点，本节将进行具体分析。

1. 具备人格化的偶像气质

在打造自明星 IP 品牌的过程中，自明星需要培养自身的正能量和亲和力，可以将正面、时尚的内容以温暖的形式第一时间传递给粉丝，让他们信任你，在他们心中产生一种人格化的偶像气质。

例如，某女歌手在微博上发布了一张吃汉堡的照片，来配合新专辑的宣传工作。面对照片中的造型，网友们看法各异，一时间成为热议话题。对此，该歌手在互动中回复"主要看气质"，于是网友们纷纷在照片下方"接龙"回复，话题迅速登顶热搜第一。

有人说，在过分追求"颜值"的年代，"主要看气质"的流行实际上正体现了"正能量"。

不过，对于互联网创业者来说，要想达到气质偶像的级别，首先还是要培养人格化的魅力。相关要点如下 。

（1）独特，不平凡，不肤浅。

（2）对自己的人格真诚。

（3）搞清楚粉丝的喜好是什么，然后迎合粉丝的喜好。

俗话说"小胜在于技巧，中胜在于实力，大胜在于人格"，在互联网中这句话同样有分量，那些超级 IP 之所以能受到别人的欢迎和接纳，也从侧面说明他们具备了一定的人格。

2. 节目内容输出的频次高

如今，IP 营销的概念得到了很好的扩展，很多个人品牌爆款 IP 都能凭借自己的吸引力，在多个平台、区域获得流量和好评，并且进行内容的分发。例如，南派三叔、《花千骨》等就是具有非常强营销能力的个人品牌爆款 IP 的代表。

据统计，大部分超级 IP 都经营了 3 年以上，正是他们运用连续性、高频次的内容输出，抓住了机会，而他们的产品供应链和服务体系并不逊色于一些大规模的企业。

3. 具有明确的核心价值观

朋友圈运营者或自明星要想成为超级 IP，首先需要有一个明确的核心价值观，即平常所说的产品定位，也就是你能为用户带来什么价值。

例如，截至 2023 年 10 月，中国电影票房榜前十中唯一的动画电影——《哪吒之魔童降世》，改编自中国神话故事，是近年来优秀的国产动画电影代表之一，得了很好的票房和口碑。

《哪吒之魔童降世》的推出让人们都记住了哪吒这个性格孤僻、表面上闯祸不断，但面临危险时却敢于牺牲自我的动画人物。

哪吒的"玩世不恭"只是保护自己的外壳，因为是魔丸转世，所以遭受了所有人的冷眼。虽然哪吒受到了很多不公平的对待，但在面对危险的时候，却没有放弃陈塘关的百姓，一句"我命由我不由天"更是让他的形象高大起来。

另外，由《哪吒之魔童降世》衍生的周边产品呈现了火爆的销售局面。出品方的精心策划是《哪吒之魔童降世》获得成功的重要原因之一，但更多的是《哪吒之魔童降世》的 IP 抓住了差异化定位，有明确的核心价值观，即在青少年、儿童人群中塑造一个英雄式的强势 IP。

总之，创业者在打造 IP 的过程中，只有价值观明确后，对内容和产品进行定位，才能突出自身独特的魅力，从而快速吸引关注。

4. 生产个性化的高质量内容

作为朋友圈运营者、自明星 IP 的重要条件，创作内容如今也呈现年轻化、个性化等趋势。

要创作出与众不同的内容，虽然不要求你有多高的学历，但至少要能展现一些有价值的东西。从某些方面来看，读书和阅历的多少，直接决定了内容创作水平。

18.9 活动盈利——提高商品成交率

在朋友圈中进行营销，最重要的是发布能引起用户感兴趣的内容，例如，让所有用户都能参与的活动，如折扣促销、限时限量促销等，都在一定程度上抓住了用户的心理，吸引了用户的关注。本节将介绍活动盈利的方法。

折扣促销既有优势，又存在缺陷，因此要做好策划 。运营者应重点做好以下5方面工作，如图 18-4 所示。

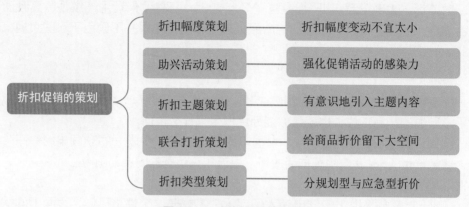

折扣幅度策划	折扣幅度变动不宜太小
助兴活动策划	强化促销活动的感染力
折扣主题策划	有意识地引入主题内容
联合打折策划	给商品折价留下大空间
折扣类型策划	分规划型与应急型折价

折扣促销的策划

图 18-4　折扣促销的策划

例如，对于一些需求量大或特定人群需求较强烈的商品，打折出售会非常受欢迎。比如，在朋友圈中打折出售宠物用品，对于有宠物的人来说，就具有较大的吸引力。

除了限时，限量也是饥饿营销的一种形式，是刺激消费需求的重要营销策略。俗话说"物以稀为贵"，意思就是越紧缺的资源价值越高。

商家可以将这种心理策略运用在营销中，通过制造商品供不应求的状态，激发购买者的好奇心，促使他们尝试购买并深入了解该商品。这种策略可以有效地刺激消费，将好友甚至新加的陌生人转化为潜在客户。

商家可以将某种商品定为"限量版"，标明发售时间，先到先得，这样商品的销售量一定会大大提高。注意，这一方法更适用于高端、高品质、高口碑的商品。

当朋友圈限时、限量出售商品的时候，由于有时间或数量上的限制，可以给对方造成一种紧张感，产生"如果再不抓紧时间，好东西就白白溜走了"的感觉。

此外，在客户购买商品之后，商家还可以主动送一些小的赠品，哪怕只是一把小扇子、一支口红，也会让购买的用户觉得物有所值。

在购买过程中感受到惊喜并且觉得划算的用户，可能会将这家店铺视为"值得再次购买"的选项，并持续关注。

18.10　内容盈利——稳定且可持续

内容盈利，简言之，就是将内容视作产品进行出售。内容的形式多样，包括文字、图片、视频、直播和音频等。随着移动互联网和移动支付技术的发展，内容盈利这种商业模式也变得越来越普及，帮助运营者获得可观的收益和知名度。例如，通过抖音、快手等短视频平台创作高质量的内容，利用平台的推荐算法获得大量曝光，可以吸引大量的粉丝和潜在客户。

运营者可以通过参与各平台任务来获取流量分成，这是内容营销领域较为常用的盈利模式之一。分成包括多种类型，比如通过导流到淘宝或京东后卖出的产品所获得的佣金。平台分成是许多网站和平台都适用的内容盈利模式，也是一种比较传统的方式。

内容盈利适合那些拥有大量流量和高黏性用户的运营者，同时流量的来源需要相对精准。以今日头条为例，其收益方式包括平台分成。然而，在今日头条平台上，并不是一开始就能够获得平台分成，广告收益是其前期主要的盈利手段。只有当账号逐渐成长壮大后，才有资格获得平台分成。此外，如果想要获得平台分成之外的收益（如粉丝打赏），就需要成功获得"原创"内容的标签，否则无法获得额外的收益。